VIE
DE
SAINT VINCENT DE PAUL

PAR

JEAN MOREL

Alfred MAME et Fils
éditeurs
TOURS

VIE

DE

SAINT VINCENT DE PAUL

2e SÉRIE GRAND IN-8o

Saint Vincent de Paul.

Groupe de marbre blanc. Sculpture de M. Cabuchet.

VIE

DE

SAINT VINCENT DE PAUL

PAR

JEAN MOREL

TOURS

ALFRED MAME ET FILS, ÉDITEURS

M DCCC XC

INTRODUCTION

Il n'est pas d'homme dont le nom soit plus cher à l'humanité que celui de Vincent de Paul.

Au-dessus du génie de la guerre, qui laisse à travers les âges une trace de gloire et de sang; au-dessus même du génie des arts et des lettres, qui poursuit l'idéal et en tente la réalisation; au-dessus de tous les hauts faits, de toutes les œuvres où se manifestent la puissance, l'intelligence, mais aussi la vanité de l'homme, brille dans la splendeur d'une auréole sainte la gloire du génie de la charité. Ce génie fut celui de Vincent de Paul.

Né pauvre, dans une pauvre campagne, il fut porté par son seul mérite jusque dans les conseils des grands; il connut le monde de la cour, comme il avait connu les travailleurs des champs et des villes : partout il resta le même, simple, tout à tous, dévoré de la passion de faire le bien, de soulager les souffrances.

En ces temps de guerres civiles et de guerres étrangères, la misère était effroyable. Il s'appliqua à la connaître sous toutes ses formes; il voulut pénétrer dans les plus sombres réduits, étudier les plus hideuses plaies de la société, et s'efforça d'y porter remède, soit par lui-même, soit par ses collaborateurs, soit par les institutions qu'il fonda. En un mot, il devint, comme on l'a dit justement, « le ministre de la charité nationale, » à une époque où le peuple, ni les grands, ni même les gouvernements, n'avaient aucune idée d'un pareil ministère. L'esprit de charité surgit à sa voix parmi ces populations que rongeaient la misère et l'égoïsme; il ouvrit à cet esprit de charité un vaste domaine d'œuvres admirables qui subsistent encore et ne sont pas près de périr.

Comment il parvint, lui fils de paysans, à accomplir une si grande, une si nouvelle mission, la suite de sa vie le montrera au lecteur. Disons toutefois d'avance qu'il n'eut, pour l'aider à vaincre les difficultés de cette mission, ni les dons d'une éloquence extraordinaire, ni les séductions de l'extérieur. C'est dans son cœur qu'il puisa toute sa force.

Il fut éloquent sans doute, mais non de cette éloquence qui frappe ou éblouit; sa parole était simple, elle était touchante; le cœur parlait en lui. Ses écrits offrent le même caractère.

Quant à son extérieur, qui ne le connaît? *Il* suffit

d'avoir vu une fois sa figure représentée par le pinceau, le crayon ou le ciseau, pour ne plus l'oublier.

Les lignes sont vulgaires, le nez long et gros, la bouche largement fendue, les lèvres épaisses. Il était de taille ordinaire, avec quelque chose d'un peu lourd. D'assez bonne heure il fut chauve. Et pourtant regardez-la bien, cette physionomie si simple, presque agreste, examinez ce front haut et large où s'épanouit l'intelligence, ces yeux à la fois vifs et doux, ce sourire d'une si grande affabilité, et vous comprendrez le genre de beauté que donne la bonté, en dépit de la nature physique; vous aurez quelque idée de la puissance avec laquelle Vincent traînait les âmes après lui.

VIE

DE

SAINT VINCENT DE PAUL

CHAPITRE I

Naissance de Vincent de Paul. — Ses parents. — Orthographe de son nom. — Son enfance. — Ses études. — Sa première messe.

C'est le 24 avril 1576 que naquit Vincent de Paul. Un petit hameau des Landes, dépendant du village de Pouy, non loin de Dax, et nommé Ranquines, fut le lieu de sa naissance. Le nom de *Saint-Vincent-de-Paul* a été donné, par ordonnance royale du 3 décembre 1828, à la paroisse de Pouy.

Son père, Jean de Paul[1], était cultivateur, et possédait, avec la maison où il habitait, quelques pièces de terre qu'il faisait valoir lui-même. Sa mère se nommait Bertrande de Moras. Ils n'étaient nobles ni l'un ni l'autre. La particule, qui est devenue une indication nobiliaire, n'avait souvent alors d'autre fonc-

[1] Des biographes lui donnent le prénom de *Guillaume;* mais nous lisons *Jean* dans le procès de canonisation de saint Vincent de Paul.

tion que d'indiquer le lieu d'origine; ainsi on a conjecturé que Bertrande pouvait être originaire de Moras, en Provence.

L'orthographe du nom de famille de saint Vincent de Paul est aujourd'hui contestée : le plus grand nombre continue à écrire *de Paul;* d'autres penchent pour *Depaul,* en un seul mot; quelques-uns veulent écrire *de Paule,* faisant la famille originaire de la ville de Paule (*Paola*), dans le royaume de Naples. Comme les registres paroissiaux de Pouy ne remontent pas au delà de 1625, ils ne peuvent nous éclairer à ce sujet. Le plus sage est donc de suivre tout simplement l'orthographe généralement usitée[1].

Jean de Paul et Bertrande de Moras eurent six enfants, quatre fils et deux filles. Vincent fut le troisième des fils. Toute la famille était occupée aux travaux des champs, et il passa son enfance, jusqu'à l'âge d'environ douze ans, à garder les vaches et les pourceaux de son père. La charité, dont il devait être l'apôtre, se manifesta en lui dès ce premier âge par des traits touchants : il partageait souvent ses maigres provisions de la journée avec de plus pauvres que lui; un jour il donna à un vieillard malheureux tout ce qu'il possédait, trente sols!

C'est près de Notre-Dame de la Lande ou de Buglosse, dont la chapelle était alors en ruines, qu'il

[1] Vincent signait son nom en un seul mot, mais avec deux majuscules : DePaul. Telle est la forme de toutes ses signatures authentiques. C'est sur ce fait, signalé pour la première fois en 1841 par M. Vallet de Viriville, que des érudits se sont appuyés pour écrire le nom en un seul mot, comme celui du docteur Depaul, dont la famille est originaire du Béarn. Mais, suivant d'autres érudits, la seconde majuscule prouverait, au contraire, que le nom doit s'écrire en deux mots.

menait ordinairement son troupeau. Le chêne sous lequel il s'abritait de la pluie ou du soleil existe encore ; on va visiter pieusement cet arbre vénérable.

Vincent, gardant son troupeau, donne à un pauvre tout son avoir.
D'après un tableau du XVIIIe siècle.

Si l'on en croit la tradition, Vincent apprit d'un ermite, qui vivait près des ruines de la chapelle, à lire et à écrire. Quoi qu'il en soit, son père, voyant en lui les marques d'une intelligence peu commune, se décida à le faire étudier et à le pousser jusque dans les ordres; il espérait qu'une fois prêtre sa famille en tirerait des ressources qui la mettraient sur le chemin de la fortune, comme il était arrivé pour un de ses voisins, dont le fils avait reçu la prêtrise et obtenu un prieuré. On verra plus tard que cet espoir fut trompé, et que la famille de Paul resta attachée au travail de la terre. Le calcul égoïste du père de Vincent eut du moins l'heureux résultat d'ouvrir à celui-ci la voie dans laquelle il allait se créer une nouvelle famille, l'immense famille des pauvres, et lui prodiguer les trésors de sa charité.

Vincent commença ses études en 1588; il les fit au collège des cordeliers de Dax, dont il fut élève pendant neuf ans. La pension annuelle était de soixante livres. Mais, dès la fin de la quatrième année, il devint professeur en même temps qu'il restait élève, et trouva ainsi le moyen de payer lui-même sa pension sans rien demander à son père. Il dut cette bonne fortune à M. de Commet, juge de Pouy et avocat de Dax, qui lui confia l'éducation de ses deux fils. Ce M. de Commet apprécia les éminentes qualités du jeune professeur, et devint son protecteur, son « second père », comme l'appela Vincent.

La perfection ne s'acquiert pas tout d'un coup; nous en trouvons une preuve chez Vincent dans ces années de collège. Lui qui devint plus tard le modèle de l'humilité chrétienne, il eut à se reprocher alors un acte presque incroyable chez lui de vaniteux respect humain. Voici en quels termes il en faisait l'aveu, dans sa vieillesse, à Mme de Lamoignon :

« Je me souviens qu'une fois, au collège où j'étudiais, on vint me dire bue mon père, qui était un pauvre paysan, me demandait. Je refusai de lui aller parler, en quoi je fis un grand péché. »

Après avoir lu la vie du saint, on dira volontiers avec Mme de Lamoignon : « C'est le plus grand péché, je crois, qu'il ait commis en toute sa vie. »

Le 20 décembre 1596, il reçut la tonsure et les ordres mineurs, puis se disposa à faire son cours de théologie; comme il ne pouvait l'entreprendre sans quelque argent, son père, pour lui en procurer, vendit une paire de bœufs. C'est à Toulouse qu'il étudia la théologie, de 1597 à 1604. Dans cet intervalle se place aussi un séjour de courte durée qu'il fit à l'université de Saragosse, on ne sait au juste en quelle année; les disputes sur les rapports de la nature et de la grâce qui troublaient cette université l'empêchèrent d'y prolonger son séjour.

Quand il eut dépensé la somme provenant de la paire de bœufs vendue à Ranquines, il résolut, afin de ne plus imposer de sacrifices à sa famille, de chercher des leçons à donner pendant les vacances, et de gagner ainsi l'argent nécessaire à la continuation de son cours. Il trouva pour élèves les fils du seigneur de Buzet et d'autres jeunes gens de la noblesse des environs, qui ne voulurent pas le quitter après les vacances, et le suivirent à Toulouse, où il fut à la fois, comme nous l'avons déjà vu à Dax, élève et maître.

Son père, dont il apprit la mort dans les premiers mois de 1598, demandait par son testament que rien ne fût négligé pour qu'il pût terminer sa théologie, et lui faisait tous les avantages possibles; mais Vincent refusa de distraire à son profit quoi que ce soit de cet héritage si modeste; il laissa tout à sa mère et à ses frères et sœurs.

Ordonné sous-diacre le 19 septembre 1598, diacre le 19 décembre de la même année, il fut ordonné prêtre le 23 septembre 1600, et, suivant une tradition, célébra sa première messe dans la chapelle de Notre-Dame-de-Grâce de Buzet. A peine eut-il reçu la prêtrise, que son protecteur, M. de Commet, obtint pour lui des supérieurs diocésains la cure de Tilh, une des meilleures du diocèse de Dax. Cette cure lui fut disputée par un compétiteur, qui l'avait impétrée en cour de Rome. Vincent pouvait plaider; mais, ennemi des procès et des discussions, il préféra donner son désistement, et continuer à Toulouse ses études théologiques, qui durèrent en tout sept années; il en reçut les lettres d'attestation le 12 octobre 1604, et fut ensuite reçu bachelier en théologie. On voit donc qu'en y comprenant le temps qu'il avait passé chez les cordeliers de Dax, il ne fit pas moins de seize années d'études.

CHAPIRE II

Lettre de Vincent. — Son voyage à Marseille. — Les corsaires barbaresques. — Captivité de Vincent à Tunis. — Le médecin spagirique. — Le renégat. — Retour de Vincent en France.

Quelques mois après qu'il eut terminé son cours de théologie, Vincent se rendit à Bordeaux pour une affaire au sujet de laquelle on a imaginé des conjectures diverses, mais qui est restée inconnue; une affaire que « ma témérité ne me permet pas de nommer », a-t-il dit plus tard.

De retour à Toulouse, il partit presque aussitôt pour Marseille. Nous avons sur ce dernier voyage et sur les aventures dont il fut suivi un document des plus précieux : c'est une lettre écrite deux ans après par Vincent lui-même, et adressée à M. de Commet, avocat à Dax, non pas celui dont il a été parlé plus haut, mais son frère puîné; l'autre, le premier protecteur de Vincent, venait de mourir de la pierre. La lettre est datée d'Avignon, le 24 juillet 1607; nous en reproduirons les principaux passages, sans altérer l'orthographe.

On y voit d'abord que le motif du voyage à Marseille fut le recouvrement d'une créance que Vincent venait d'avoir par héritage d'une personne de Toulouse, et qu'il réussit à se faire payer en partie.

« Je trouvis, dit-il, à mon retour de Bourdeaux (Bordeaux), un testament faict en ma faveur par une bonne fame vieille de Tholose (Toulouse); le bien de laquelle concystoit en quelques meubles et quelques terres, que la chambre my-partie de Castres luy avoyt adjugé pour trois ou quatre cens escus qu'un méchant mauvais garnement luy devoyt. Pour retirer partie duquel, je m'acheminis sur le lieu, pour vendre le bien, comme conceillé de mes meilleurs amis et de la nécessité que j'avois d'argent... Estant sur le lieu, je trouvis que le galant avoyt quitté son pays pour une prinse de corps que la bonne fame avoyt contre luy pour les mesmes debtes, et feus adverty comme il faisoyt bien ses affaires à Marceille, et qu'il y avoyt de beaux moyens. Sur quoy mon procureur conclud, comme aussi à la vérité la nature des affaires le requerroyt, qu'il me falloyt acheminer à Marceille, estimant que, l'ayant prisonnier, j'en pourrois avoir deux ou trois cens escus. N'ayant point d'argent pour expédier cela, je vendis le cheval que j'avois prins de louage à Tholose, estimant le payer au retour, que l'infortune fist estre aussi retardé que mon deshonneur est grand pour avoir laissé mes affaires si embrouillez; ce que je n'aurois faict si Dieu m'eust donné aussi heureux succez en mon entreprise que l'apparence me le promectoyt. Je partis donc sur cet advis, atrapis mon homme à Marceille, le fis emprisonner et m'accordis à trois cens escus qu'il me bailla content. »

Ayant ainsi atteint le but qu'il s'était proposé à Marseille, Vincent se décida à s'en retourner par mer. La barque sur laquelle il se trouvait fut prise par des corsaires barbaresques, qui le menèrent captif à Tunis, ainsi que ses compagnons de voyage. On lira sans aucun doute avec un grand intérêt le récit de cet événement dans son style simple, naïf et attachant :

« Estant sur le poinct de partir par terre, je fus persuadé par un gentilhomme avec qui j'estois logé de m'embarquer avec luy jusques à Narbonne, veu la faveur du temps qui estoit; ce que je fis pour plus tost y estre et pour espargner, ou, pour mieux dire, pour n'y jamais estre et tout perdre. Le vent nous feust aussi favorable qu'il falloyt pour nous rendre ce jour à Narbonne, qui estoyt faire cinquante lieues, si Dieu n'eust permis que trois brigantins turcqs, qui costoyaient le goulfe de Leon pour attraper les barques qui venoyent de Beaucaire, où il y avoyt foire que l'on estime estre des plus belles de la chrestienté, ne nous eussent donnez la chasse et attaquez si vivement, que, deux ou trois des notres étant tuez et tout le reste blessés, et mesme moy qui eus un coup de flèche qui me servira d'horloge tout le reste de ma vie, n'eussions été contraintz de nous rendre à ces felons et pires que tigres. Les premiers éclats de la rage desquelz furent de hacher nostre pilote en cent mille pièces, pour avoir perdu un des principalz des leurs... Ce fait, nous enchaisnèrent, après nous avoir grossièrement pensez, poursuivirent leur poincte, faisant mille voleries, donnant néanmoingt liberté à ceux qui se rendoyent sans combattre, après les avoir volez; et enfin, chargez de marchandises, au bout de sept ou huict jours, prindrent la route de Barbarie, tanière et spélongue (caverne) de voleurs sans adveu du Grand Turcq, où estant arrivez, ils nous exposèrent en vente, avec procès-verbal de notre capture, qu'ils disoyent avoir esté faicte dans un navire espagnol, parce que, sans ce mensonge, nous aurions esté délivrez par le consul que le Roy tient de là pour rendre le commerce libre aux Français. »

Vincent donne ensuite sur la mise en vente des captifs de très curieux détails, que le lecteur trouverait difficilement ailleurs, présentés avec une égale précision :

« Leur procédure à nostre vente feust qu'après qu'ils nous eurent despouillez tout nudz, ils nous baillèrent à chascun une paire de brayes, un hocqueton de lin, avec une bonete, nous promenèrent par la ville de Thunis, où ils estoyent veneuz pour nous vendre. Nous ayant faict faire cinq ou six tours par la ville la chaîne au col, ils nous ramenèrent au bateau, affin que les marchands vinssent voir qui pouvoyt manger et qui non, pour monstrer que nos playes n'estoyent point mortelles. Ce fait, nous ramenèrent à la place où les marchands nous vindrent visiter tout de mesme que l'on faict à l'achat d'un cheval ou d'un beuf, nous faisant ouvrir la bouche pour visiter nos dents, palpant nos costes, sondant nos playes, et nous faisant cheminer le pas, troter et courir; puis tenir des fardeaux, et puis luter pour voir la force d'un chascun, et mile autres sortes de brutalitez. »

Quatre maîtres eurent tour à tour Vincent pour esclave : un pêcheur, un médecin, le neveu de ce médecin, et en dernier lieu un renégat qu'il ramena à la foi chrétienne, et avec qui il parvint à se sauver en France.

« Je feus vendu, dit-il, à un pescheur, qui feust contrainct de se deffaire bientost de moy, pour n'avoir rien de si contraire que la mer, et, depuis, par le pescheur à un vieillard, médecin spagirique (alchimiste), souverain tireur de quintessence, homme fort humain et traictable; lequel, à ce qu'il me disoyt, avoyt travaillé cinquante ans à la recherche de la pierre philosophale... Mon occupation estoyt de tenir le feu à dix ou douze fourneaux, en quoy, Dieu mercy, je n'avois plus de peine que de plaisir. Il m'aimoyt fort, et se plaisoyt fort de me discourir de l'alchimie, et plus de sa loy, à laquelle il faisoyt tous ses efforts de m'attirer, me promettant force richesse et tout son sçavoir... Je feus donc avec ce vieillard depuis le mois de septembre 1605 jusques au mois d'aoust prochain, qu'il fust pris et mené au Grand Sultan pour travailler pour luy... Il me laissa à son nepveu, qui me revendit tost après... Un renegat, de Nice en Savoye, m'acheta et m'emmena en son temat, ainsi s'appelle le bien que l'on tient comme metayer du Grand Seigneur : car le peuple n'a rien; tout est au Sultan. Le temat de cesty-cy estoyt dans la montagne, où le pays est extrêmement chaud et desert. »

Voyons enfin comment, après deux ans d'esclavage, Vincent fut rendu à la liberté d'une manière vraiment miraculeuse, par l'intervention d'une des femmes du renégat, laquelle pourtant était musulmane.

« L'une des trois fames qu'il avoyt, turque, servit d'instrument à l'immense miséricorde de Dieu pour retirer son mari de l'apostasie, le remettre au giron de l'Église et me délivrer de son esclavage. Curieuse qu'elle estoyt de sçavoir nostre façon de vivre, elle me venoyt voir tous les jours aux champs où je fossioys (fossoyais, creusais la terre), et, après tout, me commanda de chanter louanges à mon Dieu. Le ressouvenir du *Quomodo cantabimus in terra aliena* des enfants d'Israël captifs en Babilone me fist commencer avec la larme à l'œil le psaume *Super flumina Babylonis*, et puis le *Salve, Regina*, et plusieurs autres choses, en quoy elle print autant de plaisir que la merveille en feust grande. Elle ne manqua point de dire à son mari le soir qu'il avoyt heu tort de quiter sa religion, qu'elle estimoyt extrêmement bonne... Son mari me dit le lendemain qu'il ne tenoyt qu'à commodité que nous ne nous sauvissions en France; mais qu'il y donneroyt tel remede, dans peu de temps, que Dieu y seroyt loué. Ce peu de jours furent dix mois qu'il m'entretinst dans ces vaines mais à la fin exécutées espérances, au bout desquels nous nous sauvasmes avec un petit esquif, et nous rendismes le vingt-huictième de juing (1607) à Aigues-Mortes, et, tost après, en Avignon, où monseigneur le vice-légat receut publiquement le renegat, avec la larme à l'œil et le sanglot au gosier, dans l'église de Saint-Pierre, à l'honneur de Dieu et édification des spectateurs... »

N'avions-nous pas raison de dire que cette lettre

est des plus précieuses? Les biographes qui, au lieu de la reproduire, l'ont prise comme thème de broderies et de peintures où leur imagination s'est permis d'ajouter des traits et des couleurs à la simple réalité des faits, n'ont-ils pas trahi leur devoir? n'ont-ils pas méconnu le charme que trouvera tout lecteur un peu attentif aux termes mêmes dont s'est servi saint Vincent de Paul? Quelles phrases, ou pompeuses ou discrètement travaillées, pourraient remplacer cet accent de vérité, ce naïf abandon, cet agrément pittoresque du récit qui dit tout en peu de mots, sans phrases, sans recherches, sans prétention d'aucune sorte?

Nous voulons encore citer de la même lettre un passage où, comme sans y penser, le saint a traité en quelques lignes la question de la prescience divine. Il s'agit d'une recette que lui a enseignée son second maître, le médecin spagirique, pour guérir la pierre, et de son regret de n'avoir pu l'envoyer à temps à son ancien protecteur, M. de Commet, pour le sauver de cette maladie dont il est mort.

« O combien de fois, dit-il à M. de Commet le jeune, ay-je désiré despuis d'avoir esté esclave auparavant la mort de feu monsieur vostre frère, et avoir heu le secret que je vous envoye, vous priant le recevoir d'aussi bon cœur que ma croyance est ferme que, si j'eusse sceu ce que je vous envoye, la mort n'en auroyt jà triomphé, au moingt par ce moyen, ores que l'on die que les jours de l'homme sont contez devant Dieu : il est vray; mais ce n'est poinct parce que Dieu avoyt conté ses jours estre en tel nombre; mais le nombre a esté conté devant Dieu, parce qu'il est adveneu ainsi; ou, pour plus clairement dire, il n'est point mort lorsqu'il est mort, pour ce que Dieu l'avoyt ainsi préveu ou conté le nombre de ses jours estre tel; mais il l'avoyt préveu ainsi, et le nombre de ses jours a esté cogneu estre tel qu'il a esté, parce qu'il est mort lorsqu'il est mort. »

CHAPITRE III

Vincent à Rome. — Sa mission à Paris auprès d'Henri IV. — Accusation de vol. — Lettre à sa mère. — Son séjour à l'Oratoire. — Vincent curé de Clichy.

Le vice-légat, que nous venons de voir recevant à Avignon la rétractation du renégat, était Pierre Montorio; il emmena Vincent à Rome, d'où celui-ci écrivait, le 28 février 1608, à M. de Commet le jeune :

« ... Je vous rendois graces par mes précédentes du soing paternel qu'il vous plaist avoir de moi et de mes affaires, et priois mon Dieu, comme je fais encore et feray toute ma vie, me vouloir faire la grâce de me donner le moien de m'en revencher par mon service, que vous estes hypotecqué au prix de tout le bien qu'un père peut faire à son fils propre...

« Je suis en ceste ville de Rome, où je continue mes estudes, entretenu par monseigneur le vice-légat qui estoyt d'Avignon, qui me faict l'honneur de m'aymer et desirer mon advancement, pour luy avoir monstré force belles choses curieuses que j'apprins pendant mon esclavage de ce vieillard turcq à qui je vous ai escript que je feus vendeu, du nombre desquelles curiositez est le commencement, non la totale perfection, du miroir d'Archimedes; un ressort artificiel pour faire parler une teste de mort, de laquelle ce misérable se servoyt pour séduire le peuple, leur disant que son dieu Mahomet lui faisoyt entendre sa volonté par ceste teste, et mille autres belles choses géométriques que j'aprins de lui, desquelles mondict seigneur est si jaloux, qu'il ne veut pas mesme que j'acoste personne, de peur qu'il a que je l'enseigne, desirant avoir luy seul la réputation de sçavoir ces choses, lesquelles il se plaist de faire voir quelquefois à Sa Sainteté et aux cardinaux.

« Cette sienne affection et bienveillance donc me faict promettre, comme il me l'a promis aussi, le moyen de faire une retirade honorable, me faisant avoyr à ces fins quelque honeste bénéfice en France. A quoy m'est necessaire extremement une copie de mes lettres d'ordres signées et scellées de monseigneur d'Acqs, avec un témoignage de mondict seigneur qu'il pourroyt retirer par une enqueste sommaire de quelques-uns de mes amis, comme l'on m'a toujours recogneu vivant en homme de bien, avec toutes les autres petites solemnités à ce requises... Je vous aurois envoié de l'argent à ces fins, n'estoit que je crains que l'argent ne fasse perdre les lettres. Voilà pourquoi je vous prie faire avec ma mère, qu'elle fournisse ce qu'il y faudra : je présuppose qu'il y faudra trois ou quatre escus... Je vous promets de vous renvoier ce qu'on aura fourni pendant quatre ou cinq mois par lettres d'échange avec ce que je dois à Tholose; car je suis résoleu de m'en acquitter, puisqu'il a pleu à Dieu de m'en donner le juste moyen...

« La haste me fait conclure la présente mal empatouillée en cest endroyt, avec un humble prière que je vous fais d'excuser ma trop grande importunité, et de croire que je hasteray mon retour le plus qu'il me sera possible, pour m'aler acquitter du service que je vous dois. »

Vincent ne tarda pas à revenir en France. Pierre Montorio l'ayant mis en relations avec l'ambassadeur et les chargés d'affaires d'Henri IV à Rome, ceux-ci lui confièrent une mission à Paris, auprès du roi. On ignore l'objet de cette mission ; toutefois on conjecture qu'elle était relative aux alliances qu'Henri IV nouait alors contre la maison d'Autriche, et aux avantages que pouvait en espérer le pape Paul V pour l'agrandissement des États de l'Église. L'arrivée de Vincent à Paris se place dans les commencements de 1609. Après avoir rempli sa mission et vu le roi à plusieurs reprises, il demeura à Paris avec très peu de ressources et sans aucune place.

Contraint à la plus stricte économie, il se logea dans une même chambre avec un de ses compatriotes, juge du village de Sore, dans les Landes. Il se trouvait un jour malade au lit, attendant le garçon de l'apothicaire. Le juge, qui sortit, laissant quatre cents écus dans une armoire ouverte, et qui ne trouva plus la somme à son retour, accusa Vincent de l'avoir volée. Celui-ci ne put que nier et prendre Dieu à témoin de son innocence ; l'autre, furieux, alla répéter son accusation chez tous ceux dont ils étaient connus et menaça de porter l'affaire en justice. On imaginerait difficilement une plus rude épreuve que celle à laquelle fut alors soumis ce grand homme de bien, accusé de l'acte le plus vil. Aucune des personnes devant lesquelles il avait été calomnié ne mit en doute son innocence; mais la vérité ne fut connue que longtemps après, par l'aveu du garçon apothicaire, qui avait commis le vol. Il ne resta plus au juge de Sore qu'à implorer son pardon de celui dont il avait si légèrement outragé la vertu; ce qu'il fit dans une lettre suppliante.

Nous savons par divers témoignages, et en particulier par celui de du Fresne, secrétaire de la reine Marguerite de Valois (première femme d'Henri IV), quelle était la principale occupation de Vincent à cette époque, où il habitait Paris presque entièrement dénué de ressources. « Il allait soigneusement visiter, servir et exhorter les pauvres malades de la Charité, » dit du Fresne, qui ajoute : « Dès ce temps-là, M. Vincent paraissait fort humble, charitable et prudent; il faisait du bien à chacun, et n'était à charge à personne; il était circonspect en ses paroles; il écoutait paisiblement les autres sans jamais les interrompre. »

La seule lettre de Vincent à sa mère qui nous ait été conservée date de la même époque; elle est du 17 février 1610. « L'assurance que M. de Saint-Martin m'a donnée de votre bon portement, lui écrivait-il, m'a autant réjoui que le séjour qu'il me faut encore faire en cette ville, pour recouvrer l'occasion de mon avancement, que mes désastres m'ont ravi, me rend fâché pour ne vous pouvoir aller rendre les services que je vous dois. Mais j'espère tant en la grâce de

Dieu, qu'il bénira mon labeur, et qu'il me donnera bientôt le moyen de faire une honnête retraite pour employer le reste de mes jours auprès de vous... Je désirerois que mon frère fît étudier quelqu'un de mes neveux. Mes infortunes et le peu de services que j'ai encore pu faire à la maison lui en pourront ôter la volonté; mais qu'il se représente que l'infortune présente présuppose un bonheur à l'avenir. »

On verra comment il ne mit pas à exécution ce dessein d'une « honnête retraite » auprès de sa famille; comment de nouveaux devoirs donnèrent une nouvelle direction à ses pensées; comment il trouva tant et de si grandes misères à soulager, que celles des siens lui parurent à peine des misères, et qu'il ne leur souhaita plus que de rester attachés au travail des champs, de conserver la vertu, la simplicité, la modération dans les désirs, et de ne pas risquer de les perdre en changeant de situation.

Les circonstances retinrent Vincent à Paris, au moment même où il exprimait à sa mère le désir d'aller vivre auprès d'elle. Sur la recommandation de du Fresne, il fut nommé aumônier ordinaire de la reine Marguerite. Peu après, le 10 juin 1610, aux premiers jours de la régence de Marie de Médicis, il obtint par brevet royal un bénéfice qu'il conserva jusqu'en 1616; c'était l'abbaye de Saint-Léonard-de-Chaunes, de l'ordre de Cîteaux, dans le diocèse de Saintes. Le bénéfice était assez considérable, puisque Vincent prit l'engagement, suivant acte passé le 10 septembre 1610, de payer 1,200 livres de pension annuelle, sur les revenus de cette abbaye, à Paul

Hurault de l'Hôpital, archevêque d'Aix, qui en était abbé, et qui la résignait en sa faveur.

Se trouvant alors délivré des soucis tyranniques de l'existence matérielle, il fut plus libre de suivre son goût pour la retraite, pour la vie humble et cachée. On ne s'étonnera donc pas qu'il ait délaissé la cour de la reine Marguerite; les fêtes que donnait en son palais de la rue de Seine la trop aimable princesse n'avaient rien pour lui plaire. Il trouvait, au contraire, tout ce qu'il aimait, le travail, la méditation, les exercices de piété, dans la maison de l'Oratoire, que fondait en ce moment M. de Bérulle. Des relations existaient, depuis les premiers temps de son séjour à Paris, entre lui et cet homme éminent, qui devint son ami et son conseil; peut-être eurent-elles leur origine à l'hôpital de la Charité, dans les visites qu'ils faisaient l'un et l'autre aux pauvres malades.

En allant vivre dans la maison de l'Oratoire, Vincent n'aspirait pas à devenir membre de cette congrégation, et M. de Bérulle ne chercha point à l'y engager. Ce dernier, « un des esprits les plus clairs et les plus nets qui se soient jamais rencontrés, » reconnut sans doute en Vincent des qualités qui l'appelaient à un autre ministère, bien qu'il ne pût prévoir alors quelle grande mission l'avenir lui réservait. Il l'invita à accepter la cure de Clichy, près de Paris, que François Bourgoing venait de résigner pour entrer parmi les oratoriens, dont il devait devenir le général. Vincent accepta, et fut installé, le 2 mai 1612, curé de Clichy.

Son séjour dans cette paroisse fut de courte durée : il n'y resta guère plus d'un an; mais en quelques mois il s'y était conquis tous les cœurs par le zèle de sa charité et par la douceur évangélique de son caractère. Aussi répondit-il à l'évêque de Paris, qui lui demandait comment il s'y trouvait : « Monseigneur, j'ai un contentement si grand, que je ne puis le dire... J'ai un si bon peuple et si obéissant à tout ce que je lui recommande, que je me dis à moi-même que ni le pape ni vous, Monseigneur, n'êtes point si heureux que moi. » Plusieurs fois, par la suite, on l'entendit parler du « bon peuple de Clichy ». L'église du village, qui tombait en ruines, fut reconstruite par ses soins, à l'aide d'aumônes qu'il recueillit. On y voit encore la chaire dans laquelle il enseignait la parole de Dieu, et sur le mur qui y fait face, un crucifix audessous duquel on lit ces deux vers latins :

Hacce palam cruce mortales lymphalibus undis
Purgat, et his pandit Vincentius ostia cœli.

Vincent, par cette croix, efface les péchés des hommes dans les eaux qui purifient, et leur ouvre les portes du ciel.

Il éprouva une grande peine à quitter Clichy, et nous voyons dans une de ses lettres qu'il s'en éloigna « les yeux baignés de larmes ». M. de Bérulle, dont les conseils et l'influence l'avaient porté à cette cure, lui demandait maintenant d'y renoncer, et de passer du milieu des pauvres paysans qu'il dirigeait dans une des plus nobles familles du royaume, la famille de Gondi, pour y remplir les fonctions de précepteur. Après avoir d'abord refusé, Vincent céda aux pressantes sollicitations qui lui furent faites ; il entra dans la maison de Gondi vers la fin de 1613.

CHAPITRE IV

Vincent dans la maison de Gondi. — M. et Mme de Gondi. — Les premières missions des campagnes. — Vincent curé de Châtillon-les-Dombes. — Sa première confrérie de charité, établie à Châtillon. — Organisation et règlements.

Philippe-Emmanuel de Gondi, chez qui venait d'être appelé Vincent de Paul, était général des galères de France. Son père, duc et maréchal de Retz, avait joué un rôle considérable sous les règnes de Charles IX et d'Henri III, ainsi que dans les commencements d'Henri IV. Son oncle, Pierre de Gondi; son frère aîné, premier cardinal de Retz; son frère puîné, Jean-François de Gondi, occupèrent successivement, les deux premiers comme évêques, le troisième comme archevêque, le siège de Paris, et l'un de ses fils fut le fameux coadjuteur, si célèbre pendant la Fronde, qui devint à son tour, en 1652, cardinal de Retz. Aux qualités d'un homme du monde accompli, et même à un certain talent littéraire, Philippe-Emmanuel de Gondi joignait une âme si religieuse, que plus tard, après la mort de sa femme, il renonça au monde pour entrer à l'Oratoire. Mme de Gondi (Françoise-Marguerite de Silly) était la piété même, avec un esprit de charité qui, se trouvant, par un heureux concours de circonstances, allié à ces trésors de charité dont le cœur de Vincent de Paul était rempli, contribua à faire naître les belles œuvres dont nous aurons à entretenir le lecteur.

M. et Mme de Gondi avaient demandé à M. de Bérulle un maître pour leurs enfants, « le plus saint et le plus vertueux qu'il fût possible de trouver. » Vincent de Paul, ainsi qu'on vient de le voir, fut choisi comme ce maître « le plus saint et le plus vertueux ». Des trois fils qu'eut Philippe-Emmanuel, deux seulement étaient nés lorsqu'il arriva dans la maison de Gondi : Pierre, l'aîné, qui devint duc de Retz, et Henri, marquis des îles d'Hyères, qui mourut bientôt d'une chute de cheval. Le troisième fils, Jean-François de Paule, le futur coadjuteur, ne vint au monde qu'en octobre 1614. Il y aurait sans doute un très grand intérêt à suivre Vincent dans les détails de son préceptorat, à le voir formant le cœur et l'esprit de ses élèves ; mais ici les données positives nous manquent, et nous n'aurions garde d'y substituer des inductions fantaisistes, craignant de tomber dans l'erreur, comme y sont tombés ceux qui ont voulu juger de son système d'éducation par les défauts et les qualités du coadjuteur, sans réfléchir au peu de temps que celui-ci passa sous sa direction.

Ce qui nous est connu d'une manière certaine, c'est l'influence qu'exerça Vincent sur M. et Mme de Gondi. Peu après son arrivée dans leur maison, il eut la joie de faire un jour renoncer M. de Gondi à se battre en duel : le général des galères, déjà tout prêt à se rendre sur le terrain, était venu entendre la messe, que disait Vincent; celui-ci, la messe terminée, se jeta à ses pieds et le supplia, au nom de Dieu, de quitter son « mauvais dessein ». Il mit dans ses paroles tant d'âme et de conviction, que le général, entraîné, céda à sa prière : c'était là, sans contredit, avec les préjugés de l'époque, un des plus grands sacrifices qu'on pût obtenir d'un gentilhomme. Mme de Gondi voulut avoir Vincent pour directeur, et, à l'aide de M. de Bérulle, parvint à l'y décider. Comme elle se trouvait avec lui, au mois de janvier 1617, en son château de Folleville, non loin d'Amiens, elle lui demanda de prêcher les paysans du village; le succès de sa prédication fut tel, que dès ce jour il conçut le projet d'une œuvre qu'il établit plus tard, et dont les résultats furent admirables : l'œuvre de la mission des campagnes.

De quelque estime, de quelque vénération que Vincent se vît entouré dans la maison de Gondi, il résolut de la quitter cette même année 1617, et la quitta effectivement vers la fin de juillet. On a cherché diverses causes à cette résolution imprévue. Suivant notre méthode, qui répugne aux conjectures, nous croyons plus sage de reproduire simplement les motifs qu'il donna lui-même à M. de Gondi et à M. de Bérulle : au premier il parla « de son incapacité » pour l'enseignement de la jeunesse; au second il dit se sentir « intérieurement pressé de Dieu d'aller en quelque province éloignée, pour s'y employer tout entier à l'instruction et au service des pauvres gens de la campagne ». M. de Bérulle disposait alors d'une cure qui remplissait on ne peut mieux ces conditions, la cure de Châtillon-lez-Dombes, située en Bresse et dépendante du diocèse de Lyon. Vincent en prit possession le 1er août 1617.

Il se trouvait depuis plus d'un mois installé à Châtillon, lorsque M. et Mme de Gondi furent avertis qu'il se séparait d'eux. Le 14 septembre, M. de Gondi, alors en Provence, mandait à sa femme : « Je suis au désespoir d'une lettre que m'a écrite M. Vincent, et que je vous envoie pour voir s'il n'y aurait point encore de remède au malheur que ce nous serait de le perdre. Je suis extrêmement étonné qu'il ne vous ait rien dit de sa résolution, et que vous n'en ayez point eu d'avis. Je vous prie de faire en sorte, par tous moyens, que nous ne le perdions point... Je crois qu'il n'y aura rien de plus puissant que M. de Bérulle. Dites-lui que, quand bien même M. Vincent n'aurait pas la méthode d'enseigner la jeunesse, il peut avoir un homme sous lui ; mais qu'en toutes façons je désire passionnément qu'il revienne en ma maison, où il vivra comme il voudra, et moi un jour en homme de bien, si cet homme-là est avec moi. »

La douleur de Mme de Gondi fut profonde. « Je ne l'accuse de rien, disait-elle, tant s'en faut... Mais, en vérité, son éloignement est bien étrange : je confesse n'y voir goutte. Il sait le besoin que j'ai de sa conduite et les affaires que j'ai à lui communiquer, les peines d'esprit et de corps que j'ai souffertes faute d'assistance, le bien que je désire faire en mes villages, et qu'il m'est impossible d'entreprendre sans son conseil... Le bien qu'il faisait en ma maison et à sept ou huit mille âmes qui sont en mes terres ne se fera plus. Quoi ! ces âmes ne sont-elles pas aussi bien rachetées du sang précieux de Notre-Seigneur que celles de Bresse? Ne lui sont-elles pas aussi chères? De vrai, je ne sais comment M. Vincent l'entend; mais je sais bien qu'il me semble que je ne dois rien négliger pour le ravoir. »

Elle s'adressa à M. de Bérulle; elle écrivit à Vincent. « Je n'avais pas tort, lui disait-elle, de craindre de perdre votre assistance, comme je vous ai témoigné tant de fois, puisque, en effet, je l'ai perdue. L'angoisse où j'en suis m'est insupportable. M. de Bérulle m'a promis de vous écrire, et j'invoque Dieu et la sainte Vierge de vous redonner à notre maison pour le salut de toute notre famille et de beaucoup d'autres, vers qui vous pourrez exercer votre charité... Si après cela vous me refusez, je vous chargerai devant Dieu de tout ce qui m'arrivera et de tout le bien que je manquerai à faire, faute d'être aidée. Vous voyez que monsieur le général a le même désir que moi, que Dieu seul lui donne par sa miséricorde. Ne résistez pas au bien que vous pouvez faire, aidant à son salut, puisqu'il est pour aider un jour au salut de beaucoup d'autres. »

Les instances réitérées de Mme de Gondi finirent par triompher. Vincent resta à peine cinq mois à Châtillon; mais son court passage en cette paroisse fut marqué par une fondation de la plus grande importance dans l'histoire de sa vie et dans l'histoire de la charité.

Quelques dames pieuses de la noblesse et de la bourgeoisie s'étant réunies, sous son inspiration, pour assister spirituellement et corporellement les malheureux, il voulut donner à cette bonne œuvre un lien spirituel qui la rendît plus forte et moins sujette à se dissoudre, et l'érigea en une confrérie dont il formula les règlements. Le manuscrit de ces règlements a été retrouvé, en 1839, dans les archives de la mairie de Châtillon. Nous avons là un témoignage irrécusable, et jusque dans les plus minutieux détails, des moyens imaginés par Vincent pour combattre la misère.

« Ladicte confrérie, lit-on dans les premières lignes des règlements, s'appellera la confrérie de la Charité, à l'imitation de l'hospital de la Charité de Rome, et les personnes dont elle sera principalement composée, servantes des pauvres ou de la Charité. »

Viennent ensuite les prescriptions relatives aux personnes qui sont admises dans cette Charité : « La confrérie sera composée de femmes tant vefves (veuves) que mariées, que filles, desquelles la piété et la vertu soit cognue, et de la persévérance desquelles l'on se puisse assurer, pourvu néantmoings que les mariées et les filles ayent permission de leurs marys, pères et mères, et non autrement; et affin que la confusion ne s'y glisse par la multitude, le nombre pourra estre de vingt seulement, jusqu'à ce que aultrement en soit ordonné. Et pour ce qu'il y a subjet d'espérer qu'il se fera des fondations en faveur de ladicte confrérie, et que ce n'est pas le propre des femmes d'avoir seulles le maniement d'icelles, lesdictes servantes des pauvres esliront pour leur procureur quelque pieux et dévot ecclésiastique, ou ung bourgeois de la ville, vertueux, affectionné au bien des pauvres et non guères embarrassé aux affaires temporelz, lequel sera tenu pour membre de ladicte confrérie, participera aux indulgences qui seront concédées en faveur d'icelle, assistera aux assemblées, et aura voix à la décision des choses qui se proposeront comme l'une desdictes servantes pendant qu'il exercera la charge de procureur, et non plus. »

L'œuvre de la confrérie est dirigée par une prieure, élue pour un an, aidée de deux assistantes, également élues pour un an, et dont l'une, sous-prieure et trésorière, a le soin de recevoir et employer l'argent, tandis que l'autre s'occupe des meubles et du linge. Ces fonctions sont déposées le mercredi d'après la Pentecôte, et il est procédé le même jour aux nouvelles élections, par les suffrages de toute la confrérie et la pluralité des voix. Aucune réélection n'est possible, « affin que l'humilité, vray fondement de toutte vertu, se tienne parfaitement en ce sainct institud. » Quant au procureur, il reste en fonctions aussi longtemps que la confrérie le trouve bon : il est chargé de gérer et négocier les affaires concernant le fond du temporel de la confrérie, avec l'avis du curé, de la prieure, de la trésorière et de l'autre assistante ; il a l'obligation de faire connaître à chaque assemblée l'état des affaires, d'écrire sur un livre les résolutions prises dans l'assemblée, et d'inviter le châtelain de Châtillon, l'un des syndics et le recteur de l'hôpital, pour qu'ils assistent à la reddition des comptes de la confrérie.

Les soins à donner aux pauvres malades par chacune des servantes de la Charité, à tour de rôle, sont exposés avec une sollicitude minutieuse et une naïveté touchante. On en lira le détail avec d'autant plus d'intérêt, qu'aujourd'hui encore on y trouverait un excellent modèle à imiter. Et plût à Dieu que le nombre fût grand de ceux ou de celles qui voulussent marcher sur les traces de la Charité de Châtillon !

Quand la prieure, avec l'avis des deux assistantes, a décidé de confier un pauvre malade aux soins de la confrérie, elle avertit la servante de la Charité en jour de service, et celle-ci va le visiter aussitôt. « La première chose qu'elle fera sera de voir s'il a besoingt d'une chemise blanche, affin que sy ainsy est, elle lui en porte une de celles de la confrérie, ensemble des linceulz (draps) blancs, s'yl y en a nécessité et qu'il ne soit en l'hospital où il y en a, le tout au cas qu'il soit sans moyens de se reblanchir en ceste sorte. Cella faict, elle le fera confesser pour se communier le lendemain, à cause que c'est l'intention de ladicte confrérie que ceulx qui veulent estre assistés d'elle se confessent et se communient avant toutes choses ; lui portera une image d'ung crucifix, qu'elle attachera en lieu qu'il la puisse voir, affin que, jetant parfois les yeux dessus, il considère ce que le Fils de Dieu a souffert pour luy ; elle luy portera encore les meubles qui luy seront nécessaires, comme une tablette, une serviette, une gondolle, une escuelle, ung petit plat, une cuillère ; et après elle advertira celle qui sera en jour le lendemain d'avoir soin de faire nettoyer et parer la maison du malade pour le faire communier, et de luy porter son ordinaire. »

L'ordre de service des membres de la confrérie est réglé d'une manière fort simple et très judicieuse : « Chacune desdictes servantes des pauvres aprestera leur manger et les servira ung jour entier ; la prieure commencera, la trézorière la suyvra, et puis l'assistante, et ainsi l'une après l'autre selon l'ordre de leur réception jusques à la dernière venue; et après, ladicte prieure recommencera, et les autres la suyvront, observant l'ordre commencé, affin que par cette continuelle révolution les malades soyent tousjours assistés... Celle qui sera en jour, ayant prins ce qu'il faudra de la trézorière pour la nourriture des pauvres en son jour, aprestera le disner, le portera aux malades, et, les abordant, les saluera gayement et charitablement, accommodera la tablette sur le lict, mettra une serviette dessus, une gondolle et une cuillère et du pain, fera laver les mains aux malades, dira le *Benedicite,* trempera le potage dans une escuelle et mettra la viande dans ung plat, accommodant le tout sur ladicte tablette, puis conviera le mallade charitablement à manger pour l'amour de Jésus et de sa saincte Mère, le tout avec amour comme si elle avoit affaire à son filz..., taschera de le resjouir s'yl est fort désolé, luy coupera parfois sa viande, luy versera à boire; et l'ayant ainsy mis en train de manger, s'yl a quelqu'un auprès de luy, elle le laissera et en ira trouver ung autre pour le traicter en la même sorte, se ressouvenant de commencer tousjours par celluy qui avoit quelqu'un avec luy, et de finir par ceulx qui sont seulz, affin de pouvoir estre auprès d'eux plus longtemps; puis reviendra le soir leur porter à souper avec mesme appareil et ordre que dessus. »

Ne sent-on pas vraiment le génie de la charité dans tous ces détails, dans ces prescriptions qui unissent avec tant de sagesse et d'amour les soins de la santé morale aux soins de la santé physique? Voyez-le encore régler jusqu'à l'ordinaire des pauvres malades pour les divers repas et les divers jours de la semaine :

« Chasque malade aura aultant de pain qu'il luy en fauldra, avec ung carteron de mouton ou de veau bouilly pour le disner, et aultant de routi pour le souper, excepté les dimanches et les festes qu'on leur pourra donner quelque poulle bollie pour le disner, et leur mettre leur viande en hachis au souper deux ou trois fois la sepmayne; ceulx qui seront sans fiebvre auront une chopine de vin par jour, moytié au matin et moytié au soir. Ilz auront le vendredy, sabmedi et aultres jours d'abztinence, deux œufs avec ung potage et une petitte tranche de beurre pour leur disner, et autant pour leur soupper, accommodant les œufs sellon leur appétit. Que s'il se trouve du poisson à quelque honneste prix, l'on leur en donnera seullement au disner. L'on obtiendra permission de faire manger de la chair en caresme et autres jours deffendus à ceulx qui seront fort malades, et pour ceulx qui le sont tellement qu'ils ne peuvent manger de la viande solide, leur sera donné des bouillons, panades au pain cuit, orges mondez, et œufs frais trois ou quatre fois par jour. »

Le 8 décembre 1617, Vincent de Paul, devant « le peuple assemblé » dans la chapelle de l'hôpital de Châtillon, fit savoir que les règlements de la confrérie avaient été approuvés par le grand vicaire de l'archevêque de Lyon, et demanda aux personnes qui voulaient en faire partie de s'approcher et donner leurs noms. « Puis a esté procédé, dit le procès-verbal écrit de la main de Vincent, à l'eslection des charges, et a esté eslue pour prieure damoyselle Baschet, pour trézorière damoyselle Charlotte de Brie, pour seconde assistante dame Gasparde Puget, pour procureur honorable Jehan, fils de feu honorable Jehan Benier. » Ce procureur élu était un laïque, dont Vincent avait accepté l'hospitalité en arrivant à Châtillon, bien qu'il fût calviniste, et qu'il avait converti à la foi catholique. Le document que nous venons de citer, et qui comprend, avec les règlements de la confrérie, l'approbation et la ratification du grand vicaire de Lyon, et le procès-verbal de la première élection, est daté du 12 décembre 1617.

Telle fut l'organisation de cette fameuse confrérie de Châtillon, qui servit de modèle à un grand nombre de Charités établies bientôt en diverses provinces, et que nous voyons imitée jusque de nos jours; car la visite du pauvre à domicile, qui en est la base, se retrouve comme principe fondamental dans la société de Saint-Vincent-de-Paul.

CHAPITRE V

Vincent quitte Châtillon et revient dans la maison de Gondi. — Les galériens. — Vincent nommé aumônier réal des galères. — Vincent supérieur des filles de la Visitation. — Établissement de nombreuses confréries de Charité. — Les Charités d'hommes et les Charités de femmes.

C'est par l'intermédiaire de du Fresne que Mme de Gondi réussit à obtenir de Vincent qu'il revînt à Paris. Sa séparation d'avec ses paroissiens de Châtillon fut marquée par les mêmes regrets et les mêmes larmes qui avaient éclaté lors de son départ de Clichy. Le bien qu'il avait opéré en moins de cinq mois, ses prédications, sa bonté, son zèle pour les pauvres, restèrent dans la mémoire de la population dont il se séparait, et elle parlait de lui comme d'un saint bien avant que l'Église lui eût conféré ce titre.

L'acte par lequel il donna sa démission de la cure de Châtillon est du 31 janvier 1618; mais il arriva à Paris le 23 décembre 1617. Après s'être entretenu avec M. de Bérulle, il rentra dans la maison de Gondi, où il eut bien moins à s'occuper de l'éducation des enfants, dont il garda seulement l'inspection générale, que de la fondation d'œuvres charitables et apostoliques, auxquelles il intéressa M. et Mme de Gondi. La dernière lui fit promettre de ne plus l'abandonner et de l'assister jusqu'à sa mort.

Dès le commencement de 1618, il créa une Charité à Villepreux, bourg situé à quelques lieues de Paris, sur les terres de la maison de Gondi; c'était la seconde de ces admirables confréries; il en établit également dans un grand nombre d'autres paroisses dépendant de la même maison : à Joigny, à Montmirail, à Folleville, etc. En même temps, avec quelques prêtres zélés qui s'étaient placés sous sa direction, il faisait dans ces villages des missions suivies du plus heureux résultat pour l'éducation religieuse et morale du peuple des campagnes.

A Paris, c'est la déplorable situation, au double point de vue physique et moral, des galériens attendant en prison d'être transportés à Marseille, qui émut alors son cœur, et, comme il n'était pas homme à se contenter de gémir sur le mal, il résolut d'y porter immédiatement remède. Il visita les basses-fosses, obscures et infectes, où les galériens croupissaient, rongés de vermine, sans secours, sans consolation, « négligés dans leur corps et dans leur âme, » puis vint en rendre compte à M. de Gondi, responsable, selon lui, de cette situation en qualité de général des galères. M. de Gondi lui donna liberté d'agir. Aussitôt Vincent loue une maison au faubourg Saint-Honoré, et y fait amener des différentes prisons tous les galériens. Là, aidé par deux prêtres, Antoine Portail et Belin, et demandant à l'aumône les ressources nécessaires, il commence par soigner le corps exténué de ces malheureux, panse leurs plaies, adoucit leurs souffrances; puis, quand ils sont gagnés par des soins, par une affabilité, un langage si surprenants pour eux et si doux, après « l'enfer anticipé » qu'on leur a fait souffrir, il les moralise, il les évangélise, et il a la consolation de voir jusqu'aux plus criminels, jusqu'aux plus pervertis, se purifier dans les sacrements.

La nouvelle s'en répandit, et l'étonnement fut extrême. On se doutait à peine qu'il pût exister un homme sous le forçat, et la pure flamme de la charité venait montrer qu'aux plus infimes degrés de l'humanité coupable l'homme existe encore, et qu'il est possible de l'y réveiller, de l'y faire vivre de la vie morale. Un si beau résultat fit l'entretien de la ville et de la cour. M. de Gondi demanda à Louis XIII d'étendre cette œuvre à toutes les galères, en nommant Vincent de Paul aumônier général des galères de France. Le roi accueillit cette demande, et signa en conséquence le brevet suivant :

« Aujourd'hui huitième février 1619, le roi étant à Paris, sur ce que le sieur comte de Joigny (M. de Gondi), général des galères de France, a remontré à Sa Majesté qu'il serait nécessaire, pour le bien et soulagement des forçats étant et qui seront ci-après ès dites galères, de faire élection de quelque personne ecclésiastique de probité et suffisance connue, pour le pourvoir de la charge d'aumônier réal qui ait égard et supériorité sur tous les autres aumôniers desdites galères, sadite Majesté, ayant compassion desdits forçats, et désirant qu'ils profitent spirituellement de leurs peines corporelles, a accordé et fait don de ladite charge d'aumônier réal à monsieur Vincent de Paul, prêtre, bachelier en théologie, sur le témoignage que ledit sieur comte de Joigny a rendu de ses bonnes mœurs, piété et intégrité de vie, pour tenir et exercer ladite charge aux gages de six cents livres par an, et aux mêmes honneurs et droits dont jouissent les autres officiers de la marine du Levant. »

Vers la même époque où Vincent de Paul recevait du roi, par ce brevet, le titre et la charge d'aumônier réal des galères, il devenait, sur les instances de François de Sales, supérieur des filles de la Visitation. C'est seulement après que Vincent eut quitté Châtillon-lez-Dombes pour rentrer dans la maison de Gondi, que lui et François de Sales se virent pour la première fois. Une sainte affection naquit aussitôt entre ces deux âmes d'élite, si bien faites pour se comprendre. François de Sales, qui avait accompagné le cardinal de Savoie à Paris, venait d'y fonder, dans le faubourg Saint-Antoine, la première maison des filles de la Visitation de Sainte-Marie. Il en confia la direction à Mme de Chantal, et demanda à Vincent de Paul d'en être le supérieur. Celui-ci ne s'y résolut pas sans résistance; il fallut que l'évêque de Paris usât de son autorité pour l'y décider. La Visitation du faubourg Saint-Antoine s'ouvrit le 1er mai 1619. Vincent fut le conseil, toujours écouté, de Mme de Chantal dans sa direction, et, après la mort de François de Sales (1622), il devint le guide de sa conscience. Plusieurs fois, par la suite, il prétexta de ses nombreux travaux pour cesser d'être supérieur de la Visitation ; toujours il dut céder, soit aux prières qui lui furent adressées, soit aux ordres de son évêque. Il resta jusqu'à la fin de sa vie supérieur, non seulement de la maison du faubourg Saint-Antoine, mais aussi des autres couvents de la Visitation qui furent fondés successivement au faubourg Saint-Jacques, à Saint-Denis et dans la rue Montorgueil.

Cependant, au milieu des devoirs et des occupations multiples que lui imposaient les diverses fonctions dont il venait d'accepter la charge, avec les soins qu'il prodiguait aux galériens, avec la collaboration active qu'il prêtait à l'œuvre de François de Sales et de Mme de Chantal, Vincent de Paul trouvait encore le temps de poursuivre dans les campagnes l'œuvre des missions et l'établissement des confréries de Charité. En 1620, il fit un premier essai d'une confrérie d'hommes destinée à s'occuper des pauvres valides de l'un et de l'autre sexe, en même temps que la confrérie des femmes soignerait les pauvres malades. Il espérait ainsi ne laisser aucune misère privée de secours. Cette première Charité d'hommes fut établie pour Folleville, Paillart et Fresneville; l'évêque d'Amiens en approuva les règlements le 23 octobre 1620.

Il est dit dans ces règlements que les hommes associés se nommeront serviteurs des pauvres, qu'ils éliront douze d'entre eux, nommés assistants de la Charité, lesquels éliront trois d'entre eux, de deux ans en deux ans, le lendemain de la Pentecôte, « dont l'un sera commandeur, l'autre trésorier et l'autre visiteur; lesquels, avec le recteur de ladite association, qui est un ecclésiastique, auront l'entière direction de ce qui regarde les pauvres valides seulement. » Le commandeur présidera l'assemblée avec le recteur.

Le trésorier recevra et gardera l'argent dans un coffre à deux clefs, dont le commandeur aura l'une et lui l'autre, « sans qu'il puisse tenir en son pouvoir qu'autant qu'il faudra distribuer en un mois aux pauvres valides. » Le visiteur s'informera des pauvres honteux, veuves, orphelins, prisonniers et autres personnes affligées, pour les aller visiter et consoler, et pour en faire le rapport aux assemblées. « Il aura soin que tous les pauvres assistent aux catéchismes, que le recteur fera ou fera faire chaque dimanche, ou de quinze en quinze jours, et que ceux qui sont en âge communient. »

La manière de « pourvoir aux pauvres valides en leurs nécessités » est ainsi exposée : « Les enfants seront mis en métier aussitôt qu'ils auront âge compétent. On distribuera par semaine, aux pauvres impotents et telles gens qui ne peuvent travailler, ce qui leur sera nécessaire pour vivre; et pour le regard de ceux qui ne gagnent qu'une portion de ce qui leur fait besoin, l'association leur surviendra du reste. L'on aura des brebis, lesquelles l'on distribuera aux associés, qui feront la charité de les nourrir au profit de ladite association, qui plus, qui moins, selon leur pouvoir, et les fruits provenant d'icelles brebis seront vendus tous les ans, aux environs de la fête de saint Jean, par le visiteur, selon l'ordre qui lui en sera donné par le directeur de ladite association, et l'argent qui en proviendra sera mis ès mains du trésorier, en la présence du commandeur ou du recteur, et seront marquées les brebis de la marque de l'association et renouvelées de cinq ans en cinq ans. »

Dans la pensée de Vincent, la confrérie de Charité

Saint François de Sales.

des hommes devait former une même association avec la Charité des femmes; aussi le règlement ajoute-t-il : « Et pour ce que l'association des hommes et celle des femmes est une même association..., et qu'il n'y a que les ministres qui soient divisés, le soin des valides appartenant aux hommes, et celui des invalides aux femmes, et que Notre-Seigneur ne retire pas moins de gloire du ministère des femmes que de celui des hommes, voire que le soin des malades semble préférable à celui des sains; pour cela les serviteurs des pauvres auront pareil soin de la conservation et augmentation de l'association des femmes que de la leur; et à cet effet ils mettront la quatrième partie de leur revenu annuel, et plus s'il est besoin, ès mains de la trésorière qui garde l'argent des femmes, au cas que le revenu de la quête que font lesdites femmes ne suffira; ce qui se pourra savoir par le moyen du recteur, comme étant supérieur de l'une et l'autre association. Et afin que lesdits directeurs sachent l'état des affaires de l'association des femmes, ils assisteront à la reddition de leurs comptes le lendemain de la fête de la Toussaint. »

Les confréries d'hommes réussirent peu; celles des femmes, au contraire, eurent un très grand succès, se répandirent par toute la France et dans plusieurs pays étrangers. Quand la fusion des deux confréries fut tentée, elle donna en général des résultats peu satisfaisants. On lit à ce sujet, dans une lettre de Vincent : « Les hommes et les femmes ensemble ne s'accordent point en matière d'administration. Ceux-là la veulent arroger entièrement, et celles-ci ne le peuvent supporter. Les Charités de Joigny et de Montmirel

(Montmirail) furent du commencement gouvernées par l'un et l'autre sexe. On chargea les hommes du soin des pauvres valides, et les femmes des invalides. Mais, parce qu'il y avait communauté de bourse, on fut contraint d'ôter les hommes. Et je puis porter ce témoignage en faveur des femmes, qu'il n'y a rien à redire en leur administration, tant elles ont de soin et de fidélité. »

CHAPITRE VI

Vincent au bagne de Marseille. — Légende qui le représente prenant la place d'un forçat. — Œuvre de la Charité de Mâcon. — Règlement pour une manufacture destinée à l'apprentissage des jeunes garçons pauvres.

Vincent de Paul avait résolu d'aller examiner par lui-même la situation des forçats à bord des galères, afin d'étudier plus sûrement les moyens à mettre en œuvre pour améliorer leur sort, ainsi qu'il venait de le faire dans les prisons de Paris. Il se rendit donc, en 1622, à Marseille, les forçats se trouvant alors réunis en grand nombre dans le port de cette ville.

Si l'on en croit une légende restée fameuse dans les annales de la charité, il se fit lui-même le compagnon de chaîne de ces infortunés en prenant la place de l'un d'entre eux. Ce fait, que des panégyristes et des biographes du saint ont admis comme certain, a été par d'autres rejeté comme invraisemblable et ne reposant sur aucune preuve. Le voici tel que nous le trouvons raconté. Vincent, pour mieux se rendre compte du mal auquel il voulait porter remède, ne se fit pas connaître en arrivant à Marseille, et craignant qu'on ne lui cachât en partie la vérité si l'on voyait en lui l'aumônier général des galères, visita en simple particulier le port et les environs du port. Comme il passait sur le bord de la mer, il rencontra une vieille femme plongée dans la douleur et tout en larmes. Lui ayant demandé la cause de ses larmes, il en apprit que son fils venait d'être emmené sur une galère ; qu'il avait été condamné, mais était plus malheureux que coupable. C'était un homme jeune encore, ayant une femme et des enfants en bas âge ; son travail les faisait vivre, ainsi que sa vieille mère. Et maintenant qu'il leur manquait, la plus affreuse misère leur était réservée. Le cœur de Vincent s'émeut à ce triste tableau ; il se hâte de se rendre sur la galère, et y voit le jeune forçat pleurant moins son propre malheur que le malheur des êtres qu'il avait été contraint d'abandonner. Une inspiration sublime s'empare alors de Vincent : il veut prendre la place du forçat, il conjure l'officier du bord de le lui permettre ; puis, sans attendre la permission de cet officier, il détache les fers du forçat, les baise, se les passe aux pieds et renvoie le malheureux à sa famille.

Tel est le fait, comme on le trouve raconté par les plus anciens biographes du saint. Ce fait, on ne peut le méconnaître, est invraisemblable ; mais nous savons tous qu'un fait peut n'être pas vraisemblable et néanmoins être vrai. Cherchons donc à reconnaître simplement si le fait est vrai, sans nous arrêter à son plus ou moins de vraisemblance. Est-il appuyé sur des témoignages irrécusables, sur des témoignages concordant entre eux ou avec les autres faits de la vie du saint? Ceux des contemporains de Vincent de Paul qui l'ont affirmé n'en ont pas été les témoins oculaires. C'est une première présomption peu favorable. En outre, ils la font remonter à l'année 1615, et nous avons vu que Vincent ne fut nommé aumônier général des galères que quatre ans après 1615. D'un autre côté, le plus grave des documents auxquels nous puissions en appeler, la bulle de canonisation du saint, en parle tout autrement que les biographes. « On raconte, dit cette bulle, que Vincent de Paul, à l'exemple de saint Raymond Nonnat, se dévoua à la chaîne; qu'ayant vu l'un de ses compagnons d'esclavage misérablement accablé sous le poids pesant de ses fers, et n'ayant rien à donner pour soulager les angoisses de ce malheureux, il se livra lui-même aux liens de la servitude, pour le racheter de la captivité aux dépens de son propre corps. »

Ainsi, d'après ce passage, le fait n'aurait pas eu lieu en France, à l'époque où le saint était aumônier des galères, mais à l'époque de son esclavage, et par conséquent en Tunisie. De plus, la bulle n'affirme rien d'une manière positive, elle dit : « On raconte; » elle ne donne le fait que comme une simple tradition.

Les témoignages n'offrent donc pas des caractères suffisants de certitude et de concordance, pour qu'il nous soit permis de représenter au lecteur Vincent, aumônier général des galères, prenant la place d'un galérien et se chargeant de ses fers. Toutefois l'abbé Maury, dans son beau *Panégyrique de saint Vincent de Paul*, prononcé en 1785, n'a pas hésité à admettre le fait comme hors de doute, lorsqu'il a dit : « Le voilà confondu avec les forçats, chargé de chaînes, une rame à la main, sous les dehors humiliants d'une victime des lois, victime volontaire de la charité! Qu'il est grand, qu'il est auguste dans son objection! O mon Dieu! contemplez du haut du ciel ce spectacle vraiment digne de vos regards, et que tous les chœurs des anges vous bénissent dans ce moment d'avoir, dans les trésors de votre miséricorde, des récompenses éternelles pour payer un si grand sacrifice!... Fers honorables, sacrés trophées de la charité, que n'êtes-vous suspendus aux voûtes de ce temple, comme l'un des plus beaux monuments de la gloire du christianisme! Vous orneriez dignement les autels de Vincent de Paul, en rappelant à la société les citoyens que lui donne la religion de Jésus-Christ, et la vue de ces chaînes justement révérées comme un objet de culte public aiderait de siècle en siècle notre ministère à lui en former encore de pareils! »

C'est là un admirable mouvement oratoire, justement célèbre dans l'histoire de l'éloquence sacrée; mais le devoir de l'historien est de poursuivre la recherche du vrai sans se laisser éblouir même par l'éclat des plus beaux mouvements oratoires. D'ailleurs un autre panégyriste de saint Vincent de Paul, M. de Boulogne, dans son discours prononcé en 1800, lors du rétablissement des filles de la Charité, a parlé tout différemment. Voici ses paroles :

« Nous ne dirons point ici que Vincent ait porté les chaînes d'un forçat qu'il voulait rendre à sa famille. Pourquoi des faits douteux dans un discours où l'orateur succombe sous le poids des merveilles authentiques, et où, pour être éloquent, il n'a besoin que d'être vrai? »

Le même panégyriste ajoute, dans une note de son discours imprimé : « Le fait que l'abbé Maury s'est plu tant à faire valoir, non seulement est plus qu'invraisemblable, il est moralement impossible; et, dans la supposition même que le saint prêtre eût voulu porter à ce point une humanité exagérée, il n'en aurait pas été le maître, tout aumônier général des galères qu'il était. Aussi la congrégation des Rites n'en a point fait usage pour sa béatification... Nous n'ignorons pas que, dans plusieurs vies de saint Vincent de Paul, ce fait est présenté, sinon comme avéré, du moins comme très vraisemblable; mais nous avouons que les raisons sur lesquelles s'appuient ces historiens ne nous ont pas semblé péremptoires. »

Nous dirons à notre tour, en manière de conclusion sur ce point : Pourquoi des faits douteux dans une telle vie, si pleine de belles et grandes œuvres qui sont indiscutables?

Il est, par exemple, indiscutable que la présence de Vincent à Marseille eut sur la situation matérielle et morale des galériens la plus heureuse influence. C'est leur situation matérielle qu'il s'efforça d'abord d'améliorer, avant d'agir sur leurs âmes, comme il avait fait à Paris pour les forçats qui attendaient en prison le départ de la chaîne. La même pensée, la même intention d'arriver jusqu'à l'âme en prenant soin du corps, ressortait des règlements de la confrérie de Châtillon, et se retrouva dans les règlements des confréries qui la suivirent. Partout et toujours, dans ses œuvres de charité, il se rappela le précepte antique : *Mens sana in corpore sano*. Quand les exigences du corps sont satisfaites, le médecin de la santé de l'âme agit avec plus d'assurance et d'efficacité. Le zèle de l'aumônier général des galères s'employa donc d'abord à obtenir des officiers et des administrateurs du bagne qu'ils traitassent les galériens avec moins de dureté, à obtenir aussi que les soins nécessaires leur fussent donnés dans leurs maladies. Il porta ensuite sa sollicitude sur les besoins spirituels de ces malheureux. Pauvres êtres disgraciés ou dégradés, maltraités et méprisés de tous! quand ils entendirent la voix de ce bienfaiteur, qui leur parlait le langage d'un ami et d'un père, ils l'écoutèrent avec empressement, et beaucoup d'entre eux commencèrent en eux-mêmes la réforme morale qu'il leur enseignait par ses prédications. Le résultat fut tel, qu'en peu de temps la situation du bagne se trouva entièrement modifiée.

Comme Vincent revenait de Marseille à Paris, il s'arrêta à Mâcon. Là il fut témoin du plus affligeant spectacle. Des pauvres en nombre presque incroyable erraient dans cette ville et dans les environs; joignant à la misère le libertinage et la violence, ils répandaient partout la terreur. L'apôtre de la charité résolut de prolonger son séjour à Mâcon et de porter remède au mal dont son cœur était ému. Il lui fallait aborder ici la solution d'un problème qui reste encore un des plus redoutables et des plus difficiles qu'ait à résoudre la société: le problème de l'extinction du paupérisme; il l'aborda avec la confiance que donne la foi et avec le saint enthousiasme de la charité. Suivant la méthode que nous venons de lui voir mettre en pratique, et qu'il ne cessa jamais d'appliquer, méthode qui lui avait été révélée par les lumières de son sens si droit et par les sentiments de son cœur si ouvert à toutes les infortunes, il combattit le paupérisme en soignant chez les pauvres à la fois le corps et l'âme.

On a trouvé, en 1846, dans les archives de la préfecture de Saône-et-Loire, un extrait du *Livre secrétarial*, pour 1623, contenant le procès-verbal d'une assemblée tenue à Mâcon, assemblée dans laquelle Vincent exposa son projet de règlement au sujet des secours à donner aux pauvres. Le *Livre secrétarial* parle de lui en ces termes : « Ung religieux prestre de M. le général des gallaires, méhu de pitié et de dévotion, qui est en ceste ville, et a communiqué les formes par le moyen desquelles on a pourvu au soulagement et nourriture des pauvres tant à Tresvoux que aultres villes... »

Le projet de règlement exposé par Vincent divisait les pauvres en deux classes : les mendiants et les pauvres honteux. Défense serait faite aux mendiants qui voudraient recevoir des secours de mendier, sous peine de n'être pas secourus ; défense serait faite aux habitants de leur rien donner... La distribution serait faite chaque dimanche après l'office ; elle consisterait en pain, linge et argent, et, dans la saison d'hiver, on y ajouterait du bois. Ceux contre lesquels il y aurait des sujets de plainte seraient punis par la suppression de l'aumône hebdomadaire. Quant aux pauvres honteux, ils recevraient des aliments à domicile en état de santé, et des remèdes en cas de maladie ; mais, afin de ne pas encourager la paresse, on ne donnerait aux pauvres valides que ce qui leur serait nécessaire pour suppléer à l'insuffisance du gain de leur travail. Les pauvres étrangers à la ville, qui y seraient de passage, recevraient le logement pendant une nuit, et on les renverrait le lendemain avec deux sols.

Vincent remit l'application de ce règlement aux soins de deux confréries, l'une d'hommes, l'autre de femmes, qu'il fonda sous le titre de Saint-Charles-Borromée, et dont les membres devaient se réunir une fois par semaine. L'objet de ces réunions était d'indiquer les individus qui auraient part aux distributions et ceux qui recevraient des secours comme malades, ceux qui n'avaient plus besoin d'être secourus et ceux qui s'en étaient rendus indignes. Les membres des confréries devaient s'engager à visiter deux fois chaque semaine les pauvres honteux, à les assister corporellement et spirituellement. L'évêque et le lieutenant général donnèrent l'exemple en se plaçant à la tête de la confrérie des hommes; les dames des premières familles se mirent à la tête de la confrérie des femmes. En peu de jours, la parole si simple, si entraînante de Vincent procura à l'œuvre des dons considérables en argent ou en nature, et les ressources en furent successivement accrues par les collectes faites chaque semaine entre les membres des deux confréries. Moins de vingt jours après l'arrivée de Vincent à Mâcon, l'œuvre fonctionnait; en outre des secours distribués aux malades, aux pauvres honteux et aux passants, trois cents pauvres étaient logés, nourris et entretenus. Un grand changement moral s'était déjà opéré dans leur conduite, et ils avaient cessé d'être la terreur du pays. Vincent quitta alors la ville de Mâcon ; il la quitta secrètement, afin d'échapper à l'ovation que voulaient lui faire les habitants, et qu'il avait si bien méritée. « Je fus contraint, a-t-il écrit plus tard, de partir en cachette, pour éviter cet applaudissement. »

L'œuvre de la Charité de Mâcon a servi sur plusieurs points de modèle à notre société de Saint-Vincent-de-Paul. On y voit, en effet, plus de deux siècles avant la fondation de cette société, le secours à domicile opposé à la misère, et le problème de la mendicité résolu par l'association libre, par la charité individuelle. Après le départ de Vincent, elle continua à subsister. Les ressources en furent entretenues par des cotisations, par certaines amendes adjugées à l'œuvre, par le produit des quêtes que faisaient chaque dimanche les demoiselles de la ville. On soulageait régulièrement deux cents familles, outre les mendiants ; on distribuait chaque dimanche à l'église douze cents livres de pain et vingt francs d'argent, sans parler du linge et du bois. Les guerres et les calamités diverses qui accablèrent le royaume vinrent arrêter les progrès de l'œuvre ; mais elle fut reprise plus tard, et l'assemblée du clergé de France, tenue en 1670 à Pontoise, exhorta les évêques à établir dans leurs diocèses des confréries semblables à celles de Mâcon.

Nous trouvons dans le règlement d'une autre confrérie de Charité, règlement rédigé aussi par Vincent, des passages d'un intérêt tout particulier, en ce qu'ils contiennent des prescriptions pour l'établissement d'une manufacture destinée à l'apprentissage des jeunes garçons pauvres. Les citations suivantes donneront une idée de ce règlement, et pourront, aujourd'hui que les économistes s'occupent de créations analogues, faire naître d'utiles réflexions.

« L'on assemblera tous les jeunes garçons en une maison de louage, propre, où l'on les fera travailler sous la direction d'un ecclésiastique et la conduite d'un maître ouvrier.

« L'office de l'ecclésiastique sera d'enseigner aux apprentis la doctrine et piété chrétiennes, savoir : les jours de fête, après vêpres, à l'église, et le mardi et vendredi, à la manufacture, à une heure après midi, à quoi il vaquera une demi-heure au moins ; de conduire lesdits apprentis avec ordre deux à deux à la messe et à vêpres, les fêtes et dimanches, et les samedi et veilles des grandes fêtes, à vêpres seulement, et les ramener de même ; faire confesser et communier lesdits apprentis tous les premiers dimanches des mois et fêtes solennelles, et d'assister au dîner et souper desdits apprentis.

« Le devoir du maître ouvrier sera d'enseigner son métier aux enfants que les officiers de la Charité mettront à la manufacture, sans qu'il lui soit loisible de prendre ni de renvoyer aucun apprenti pour raison que ce soit, que de l'ordonnance des officiers de la Charité, auxquels appartient l'entière direction de la manufacture.

« Les pauvres apprentis, avec leurs pères et mères, s'obligeront de parole, avec serment, d'enseigner gratis leur métier aux pauvres enfants de la ville qui viendront ci-après, lorsque les officiers de ladite Charité leur ordonneront, à la charge que lesdits apprentis qu'ils enseigneront seront nourris par ladite compagnie.

« Lesdits pauvres apprentis se lèveront à quatre heures du matin, seront habillés à quatre heures et demie, prieront Dieu jusques à cinq, travailleront jusques à ce que la première messe sonne, laquelle ils iront entendre par ordre deux à deux, retourneront de même, déjeuneront à huit heures, dîneront avec silence et lecture à midi, goûteront à trois heures et demie, souperont à sept, se récréeront jusques à sept trois quarts, feront leur prière et l'examen de conscience, et après se coucheront à huit heures. »

CHAPITRE VII

Vincent passe quelques jours dans sa famille. — Compagnie des prêtres de la mission. — Contrat de fondation. — Mort de Mme de Gondi. — M. de Gondi à l'Oratoire. — Vincent au collège des Bons-Enfants. — Visite de son neveu.

En 1623, Vincent eut l'occasion de revoir son pays natal et sa famille, qu'il n'avait pas vus depuis son départ pour Toulouse, vers la fin de 1596 ou le commencement de 1597. Il s'était rendu à Bordeaux, où M. de Gondi venait d'amener dix des galères de Marseille, afin de les opposer aux forces navales du duc de Soubise, qui tenait la mer, tandis que son frère, le duc de Rohan, chef des calvinistes, cherchait à soulever le Languedoc. Avec l'aide de vingt religieux, que le cardinal de Sourdis, archevêque de Bordeaux, mit à sa disposition, Vincent fit une mission à bord des galères, et, cette mission terminée, il profita du voisinage de sa famille pour lui rendre visite. Il resta une semaine environ à Pouy. Le matin du jour où il devait en repartir, il s'en alla nu-pieds en pèlerinage à la chapelle de Notre-Dame de Buglosse, près de laquelle il avait si souvent, dans ses jeunes années, conduit son troupeau. La chapelle venait d'être restaurée et consacrée ; il y célébra la messe en présence de ses frères, de ses sœurs, de ses autres parents et de la plupart des habitants du village qui l'avaient accompagné. Puis, le saint sacrifice terminé, il fit avec sa famille un dernier repas, le repas d'adieu. Au moment du départ, il les bénit, et leur recommanda de ne jamais sortir de l'état dans lequel Dieu les avait fait naître, de lui demander la grâce d'une sainte pauvreté et la grâce de la transmettre à leurs enfants comme un héritage. Il se mit en route après leur avoir adressé cette recommandation ; et cependant il pensait qu'il lui était alors facile de leur ouvrir la voie de la fortune, et qu'ils allaient rester pauvres quand il pouvait les faire riches. A cette pensée, des larmes inondaient ses yeux. Ces larmes, il se les reprocha par la suite comme un péché. Voici, en effet, les paroles qu'il prononça trente-six ans plus tard, le 2 mai 1659, dans une conférence aux prêtres de sa congrégation :

« Ayant passé huit ou dix jours avec mes parents, pour les informer des voies de leur salut, et pour les éloigner du désir d'avoir des biens, jusqu'à leur dire qu'ils n'attendissent rien de moi ; que, quand j'aurais des coffres d'or et d'argent, je ne leur en donnerais rien, parce qu'un ecclésiastique qui a quelque chose le doit à Dieu et aux pauvres ; le jour que je partis j'eus tant de douleur de quitter mes pauvres parents, que je ne fis que pleurer tout le long du chemin, et pleurer quasi sans cesse. A ces larmes succéda la pensée de les aider et de les mettre en meilleur état, de donner à tel ceci, à tel cela. Mon esprit attendri leur partageait ainsi tout ce que j'avais, et même ce que je n'avais pas. Je le dis à ma confusion... Je fus trois mois dans cette passion importune d'avancer mes frères et mes sœurs; c'était le poids continuel de mon pauvre esprit. Parmi cela, quand je me trouvais un peu libre, je priais Dieu qu'il eût agréable de me délivrer de cette tentation, et je l'en priai tant, qu'enfin il eut pitié de moi, et qu'il m'ôta ces tendresses excessives pour mes parents; et, quoiqu'ils aient été à l'aumône et le soient encore, le bon Dieu m'a fait la grâce de les commettre à sa providence et de les estimer plus heureux que s'ils avaient été bien accommodés. »

De retour à Paris, Vincent de Paul trouva M. et Mme de Gondi plus empressés que jamais à aider le succès de ses œuvres charitables et de ses travaux apostoliques. Voyant l'heureux résultat des missions faites sur leurs terres, et comprenant quels bienfaits de semblables missions répandraient parmi les populations des diverses provinces, ils formèrent, de concert avec Vincent, le projet d'une congrégation dont les membres se voueraient à l'œuvre de la mission des campagnes. Il fallait un local pour y établir la résidence des missionnaires. L'archevêque de Paris, Jean-François de Gondi, frère du général des galères, offrit le collège des Bons-Enfants, près de la porte Saint-Victor. Ce collège était alors vacant, et l'archevêque pouvait en disposer; il en donna la principalité à Vincent de Paul le 2 mars 1624. Celui-ci en prit possession le 6 du même mois, par procureur, et, comme il résidait alors à l'hôtel de Gondi, il désigna son disciple Antoine Portail pour le remplacer au collège des Bons-Enfants.

Afin d'assurer les ressources nécessaires à l'existence de la congrégation, un contrat fut passé, le 17 avril 1625, au nom de M. et Mme de Gondi. L'original de ce contrat se trouve, à Paris, dans la collection des Archives nationales. Il est d'une si grande importance pour l'histoire de la Mission, l'une des œuvres principales de Vincent; il est en même temps d'un si grand intérêt, que le lecteur nous saura gré d'en reproduire ici toute la partie essentielle. Ce document, rédigé au nom de M. et Mme de Gondi, comme nous venons de le dire, commence par exposer que les habitants des villes étant prêchés, catéchisés et conservés en l'esprit de dévotion par quantité de docteurs et religieux, il ne reste que le pauvre peuple de la campagne, qui seul demeure comme abandonné. « A quoi il leur aurait semblé (à M. et Mme de Gondi) qu'on pourrait remédier par la pieuse association de quelques prêtres de doctrine, piété et capacité connues, qui voulussent bien renoncer tant aux conditions desdites villes qu'à tous bénéfices, charges et dignités de l'Église, pour, sous le bon plaisir des prélats, chacun en l'étendue de son diocèse, s'appliquer entièrement et purement au salut du pauvre peuple, allant de village en village, aux dépens de la bourse commune, prêcher, instruire, exhorter et catéchiser ces pauvres gens...

« Et pour y parvenir, lesdits seigneur et dame... ont délibéré se constituer patrons et fondateurs de cette bonne œuvre, et, à cette fin, ont lesdits seigneur et dame donné et aumôné, donnent et aumônent ensemblement par ces présentes la somme de quarante-cinq mille livres, de laquelle en a été présentement délivré comptant, ès mains de M. Vincent de Paul, prêtre du diocèse d'Acqs, licencié en droit canon, la somme de trente-sept mille livres, comptées et nombrées en présence des notaires soussignés, en pièces de seize testons demi-franc et monnaie de douzaine, le tout bon et ayant cours suivant l'ordonnance; et pour le regard des huit mille livres restantes, lesdits seigneur et dame ont promis et promettent les payer et délivrer audit sieur de Paul, en cette ville de Paris, d'huy en un an, sous l'hypothèque de tous et chacun de leurs biens présents et à venir, aux clauses et charges suivantes; c'est à savoir :

« Que lesdits seigneur et dame ont remis et remettent au pouvoir dudit de Paul d'élire et choisir entre cy et un an prochainement six personnes ecclésiastiques ou tel nombre que le revenu de la présente fondation se pourra porter, dont la doctrine, piété et bonnes mœurs et intégrité de vie lui soient connues, pour travailler auxdites œuvres sous sa direction, sa vie durant; ce que lesdits seigneur et dame entendent et veulent expressément, tant pour la confiance qu'ils ont en sa conduite que pour l'expérience qu'il s'est acquise au fait desdites missions; en général, Dieu lui a donné de grandes bénédictions jusqu'ici. Nonobstant laquelle direction toutefois, lesdits seigneur et dame entendent que ledit sieur de Paul fasse sa résidence continuelle et actuelle en leur maison, pour continuer à eux et à leur dite famille l'assistance spirituelle qu'il leur a rendue depuis longues années en çà;

« Que ladite somme de quarante-cinq mille francs sera par ledit sieur de Paul, de l'avis desdits seigneur et dame, employée en fonds de terre ou rente constituée, dont le profit et revenu en provenant servira à leur entretien, nourriture, vêtements et autres nécessités, lequel fonds et revenu sera par eux géré, gouverné et administré comme chose propre; que pour perpétuer ladite œuvre à la plus grande gloire de Dieu, édification et salut du prochain, arrivant le décès dudit sieur de Paul, ceux qui auront été admis à ladite œuvre et y auront persévéré jusqu'alors éliront à la pluralité des voix tel d'entre eux qu'ils aviseront bon être pour leur supérieur en la place dudit sieur de Paul, et en useront ainsi successivement de trois ans en trois ans, et pour tel autre temps qu'ils aviseront pour le mieux, ledit cas de mort arrivant;

« Que lesdits seigneur et dame demeureront conjointement fondateurs dudit œuvre, et comme tels, eux, leurs héritiers et successeurs, descendants de leur famille, jouiront à perpétuité des droits et prérogatives concédés et accordés aux patrons par les saints canons, excepté du droit de nommer aux charges, auquel ils ont renoncé;

« Que lesdits ecclésiastiques et autres qui désireront, à présent ou à l'avenir, s'adonner à ce saint œuvre, s'appliqueront au soin entièrement dudit pauvre peuple de la campagne, et, à cet effet, s'obligeront de ne prêcher ni administrer aucun sacrement ès villes dans lesquelles il y aura archevêché, évêché ou présidial, sinon au cas de notable nécessité seulement, ou à leurs domestiques, à portes closes, arrivant qu'ils eussent quelque maison de retraite en aucune desdites villes; qu'ils renonceront expressément à toutes charges, bénéfices et dignités, à la réserve néanmoins qu'arrivant que quelque prélat ou patron désirât conférer quelque cure à l'un d'entre eux pour la bien administrer, celui qui lui serait présenté par le directeur ou supérieur la pourrait accepter et exercer, ayant préalablement servi huit ou dix ans dans ledit œuvre, et non autrement, si ce n'est que le supérieur de l'œuvre de la compagnie jugeât convenable de dispenser quelqu'un dudit service de huit ans;

« Que lesdits ecclésiastiques vivront en commun sous l'obéissance dudit sieur de Paul en la manière susdite, et de leurs supérieurs à l'avenir après son décès, sous le nom de compagnie, congrégation ou confrérie des pères ou prêtres de la Mission; que ceux qui seront en après admis audit œuvre seront obligés d'avoir intention de servir Dieu en la manière susdite, et d'observer le règlement qui sera sur ce entre eux dressé; qu'ils seront tenus d'aller, de cinq ans en cinq ans, par toutes les terres desdits seigneur et dame, pour y prêcher, confesser, catéchiser et faire toutes les bonnes œuvres susdites; et que, pour le regard du reste de leur temps, ils l'emploieront à leur volonté, le plus utilement qu'ils pourront, et en tels lieux qu'ils estimeront le plus convenable à la gloire de Dieu, conversion et édification du prochain; et à assister spirituellement les pauvres forçats, afin qu'ils profitent de leurs peines corporelles, et qu'en ceci ledit seigneur général satisfasse à ce en quoi il se sent aucunement obligé par le devoir de sa charge; charité qu'il entend être continuée à perpétuité à l'avenir auxdits forçats par lesdits ecclésiastiques, pour de bonnes et justes considérations;

« Qu'ils travailleront auxdites missions depuis le commencement d'octobre jusqu'au mois de juin, de manière qu'après avoir servi un mois ou environ en ladite compagnie, ils se retireront pour quinze jours en leur maison commune ou tel autre lieu qui leur sera assigné par le supérieur selon l'exigence des cas, en l'un desquels lieux ils emploieront les trois ou quatre premiers jours des quinze susdits en récollection ou retraite spirituelle, et le reste à disposer les matières qu'ils auront à traiter à la mission prochaine, à laquelle ils retourneront aussitôt; et que les mois de juin, juillet, août et septembre, qui ne sont pas propres à la mission, à cause que les gens des champs sont lors trop fortement occupés au travail corporel, lesdits pères s'emploieront à catéchiser par les villages, les fêtes et dimanches, et à assister les curés qui les réclameront, et à étudier pour se rendre d'autant plus capables d'assister le prochain de là en avant pour la gloire de Dieu. »

Ce contrat, que rédigèrent les notaires du Châtelet, fut un des derniers actes auxquels concourut Mme de Gondi. Elle mourut environ deux mois plus tard, le 23 juin 1625, laissant la réputation d'une des femmes les plus pieuses, les plus charitables, les plus accomplies de son siècle. Un de ses grands mérites, que partagea son mari, fut d'avoir apprécié et compris Vincent de Paul avant qu'il eût donné par des œuvres la mesure de ses éminentes qualités, et de l'avoir ensuite secondé avec un entier dévouement dans les débuts de son apostolat. C'est sur les instantes sollicitations de cette dame qu'il était revenu dans la maison de Gondi; elle lui avait confié la direction de sa conscience, et il avait promis de ne pas la quitter avant sa mort. Elle espérait même pouvoir obtenir de lui qu'il restât auprès des siens et les guidât dans la voie du salut, lorsque Dieu l'aurait enlevée de ce monde. « Je supplie M. Vincent, pour l'amour de Notre-Seigneur Jésus-Christ et de sa sainte mère, disait-elle dans son testament, de ne vouloir jamais quitter la maison de M. le général des galères, ni, après sa mort, ses enfants. Je supplie aussi M. le général de vouloir retenir chez lui M. Vincent, et de l'ordonner à ses enfants après lui, les priant de se souvenir et de suivre ses saintes instructions, connaissant bien, s'ils le font, l'utilité qu'en recevra leur âme et la bénédiction qui en arrivera à eux et à toute la famille. » Mais Vincent, que tant d'œuvres d'une utilité générale réclamaient maintenant, ne crut pas qu'il lui fût permis de se vouer plus longtemps à une famille particulière, quels que fussent les sentiments dont il était animé envers le général des galères et ses enfants. La volonté divine l'appelait sur un plus vaste théâtre. Il résista à la prière que lui adressait Mme de Gondi dans son testament; il résista également aux sollicitations de M. de Gondi. Celui-ci d'ailleurs allait renoncer au monde, aux dignités, aux honneurs, pour se donner à Dieu; il entra un an plus tard dans la congrégation de l'Oratoire, dont il fit partie jusqu'à sa mort, arrivée le 20 juin 1662.

Vincent quitta donc la maison de Gondi, pour rejoindre Antoine Portail au collège des Bons-Enfants, et se prépara à commencer avec lui, sans plus de retard, l'œuvre de la Mission. Ils partirent, en effet, après avoir confié à un voisin les clefs du collège. Voyageant à pied et portant eux-mêmes leur bagage, assez mince du reste pour n'être pas fort embarrassant, ils allèrent prêcher de village en village sur les terres de la maison de Gondi et dans quelques autres campagnes. « Nous allions, disait vingt ans plus tard Vincent de Paul dans une de ses conférences à Saint-Lazare, nous allions tout bonnement et simplement évangéliser les pauvres, ainsi que Notre-Seigneur avait fait. Voilà ce que nous faisions, et Dieu faisait de son côté ce qu'il avait prévu de toute éternité. Il donna quelque bénédiction à nos travaux; ce que voyant d'autres bons ecclésiastiques, ils se joignirent à nous, et demandèrent d'être avec nous, non pas tous à la fois, mais en divers temps. O Sauveur! qui eût jamais pensé que cela fût venu en l'état où il est maintenant? Qui m'eût dit cela pour lors, j'aurais cru qu'il se serait moqué de moi. Et néanmoins c'était par là que Dieu voulait donner commencement à la compagnie. Eh bien! appellerez-vous humain ce à quoi nul homme n'avait jamais pensé? Car ni moi ni le pauvre M. Portail n'y pensions pas; hélas! nous en étions bien éloignés. »

Le 24 avril 1626, l'archevêque de Paris approuva l'œuvre de la Mission et ratifia le contrat de fondation du 17 avril 1625, en y ajoutant toutefois cette condition, qu'il assignerait lui-même les lieux de son diocèse où l'on devait aller en mission, et qu'on lui rendrait compte de ce qui y aurait été fait. C'est quelques mois plus tard, le 4 septembre 1626, que la congrégation se constitua véritablement, en vertu d'un acte passé par-devant notaire, et où il était dit que Vincent, ayant reçu le pouvoir de choisir tels ecclésiastiques qu'il trouverait propres à l'œuvre de la mission, il choisissait Antoine Portail, François du Coudrai et Jean de la Salle, pour vivre en congrégation ou confrérie, et s'employer au salut du pauvre peuple des champs. Bientôt après, quatre autres prêtres, Jean Bécu, Antoine Lucas, Jean Brunet, Jean d'Horgny, vinrent s'unir aux précédents, et la congrégation de la Mission compta alors, outre le supérieur, sept membres, qui presque tous étaient docteurs en théologie ou élèves de l'école de Sorbonne.

Par lettres patentes en date du mois de mai 1627, Louis XIII autorisa les prêtres de la Mission à vivre en commun, pour aller instruire les pauvres gens; « n'ayant rien tant en considération, disait le roi, que les œuvres de semblable piété et charité, et dûment informé des grands fruits que ces ecclésiastiques ont déjà faits en tous les lieux où ils ont été en mission, tant au diocèse de Paris qu'ailleurs. » Il les autorisait en outre à recevoir les aumônes, legs et autres dons qui pourraient leur être faits, afin qu'ils pussent d'autant plus facilement vaquer à leurs œuvres de charité. La même année, au mois de juillet, Vincent se démit de son titre de principal du collège des Bons-Enfants, titre qui ne lui avait été donné que par simple formalité, les classes dans ce collège ayant cessé depuis longtemps ; puis, avec l'autorisation de l'archevêque de Paris, il reprit possession du collège, non plus en son nom, mais au nom de la compagnie. Le 12 janvier 1632, une bulle du pape Urbain VIII érigea définitivement en congrégation la compagnie des prêtres de la Mission ; la publication de cette bulle fut approuvée par lettres patentes du roi le 16 mai 1643. Mais les prêtres de la Mission commencèrent bien avant cette époque leur œuvre de prédications à travers les campagnes. Dès qu'ils furent constitués, c'est-à-dire dès l'année 1627, ils firent des missions dans les environs de Paris et dans quatre provinces. Vincent, comme supérieur de la compagnie, assignait à chacun d'eux le champ qu'il devait cultiver ; lui-même choisit cette année la province de Lyon, ainsi qu'on le voit par une lettre que lui adressa Mme de Chantal : « Vous voilà donc, mon très cher Père, lui disait-elle, engagé à travailler dans la province de Lyon, et par conséquent nous voilà privées de vous voir de longtemps. Mais à ce que Dieu fait il n'y a rien à redire, mais à le bénir, comme je fais, mon très cher Père, de la liberté que votre charité me donne de vous continuer ma confiance et de vous importuner... »

Il était de retour au collège des Bons-Enfants, lorsqu'on lui annonça qu'un paysan mal vêtu, qui se disait son neveu, demandait à lui parler. Vincent ne put se défendre, au premier moment, d'un mouvement de respect humain semblable à celui qu'il avait éprouvé autrefois, quand il était élève au collège des cordeliers de Dax et qu'on lui avait annoncé la visite de son père. Mais cette fois il chassa bien vite le respect humain, et alla chercher son neveu jusqu'à la porte de la rue; puis il l'embrassa affectueusement, rentra avec lui et le présenta à tous les prêtres de la Mission. Néanmoins il garda un profond remords du sentiment répréhensible qu'il avait laissé un instant s'emparer de lui-même, et que nous comparerions volontiers à quelque vapeur malsaine venant effleurer la blancheur du lis le plus pur, mais s'évanouissant au premier rayon du soleil. Il s'en accusa publiquement à la retraite suivante : « Messieurs et mes frères, dit-il, priez pour un orgueilleux qui a voulu faire monter son neveu secrètement en sa chambre, parce qu'il était paysan et mal habillé. » Ce neveu était venu à pied de Pouy, avec l'espoir que son oncle ne le renverrait pas sans lui donner de l'argent et peut-être lui assurer la fortune. Mais la résolution de Vincent était irrévocablement prise sur ce point : ne souhaitant rien de plus à ses parents que l'état dans lequel ils vivaient occupés du travail des champs, il ne voulait rien distraire pour eux du patrimoine de la nouvelle famille qu'il avait adoptée, la grande famille des pauvres. Il demanda cependant dix écus à la marquise de Maignelay pour son neveu, et le renvoya avec cette somme, qui lui permettrait de refaire à pied la route qu'il avait déjà faite en venant à Paris. Jamais, en aucune autre occasion, il ne sollicita rien de personne pour quelqu'un des siens.

CHAPITRE VIII

Réforme du clergé. — Retraites des ordinands. — Vincent prend possession de Saint-Lazare au nom de la Mission. — Les forçats à la tour Saint-Bernard. — Mlle le Gras. — Naissance de l'œuvre des filles de Charité.

En créant les confréries de Charité, Vincent avait ouvert des sources vives de secours spirituels et corporels, qui allaient s'épancher de génération en génération sur bien des malheureux auparavant privés de tout secours. En constituant la compagnie des prêtres de la Mission, il avait créé un foyer de lumière et de dévouement apostolique, dont la bienfaisante influence allait rayonner parmi les populations presque entièrement négligées auparavant, les éclairer et les échauffer de la flamme du bien. Mais il y avait, à cette époque, une réforme essentielle à opérer, et sans laquelle les plus belles créations inspirées par l'esprit de l'Évangile couraient le risque de rester souvent infructueuses. Cette réforme était celle des ministres mêmes de l'Évangile. Le clergé français ne présentait pas alors cet ensemble de lumières et de vertus qui lui a donné plus tard une si haute place dans l'histoire ecclésiastique et dans l'estime universelle. Bien des prêtres d'alors n'avaient pas été suffisamment préparés au sacerdoce, n'avaient pas reçu une instruction qui leur permît d'être véritablement les guides des fidèles confiés à leurs soins. D'autres, moins dignes encore du saint ministère, laissaient à désirer sous le rapport des vertus sacerdotales.

Comme Vincent se trouvait, au mois de septembre 1628, à Beauvais, l'évêque de cette ville l'entretint sur cet état de choses et sur les moyens d'y remédier. L'avis de Vincent fut qu'il fallait commencer par réformer la pratique suivie dans l'ordination; qu'il ne fallait plus admettre aux ordres ceux en qui on ne verrait pas les marques d'une véritable vocation; qu'une fois la vocation constatée, il faudrait, avant de conférer les ordres, exiger une instruction suffisante, et poursuivre la préparation aussi longtemps qu'on le jugerait nécessaire pour que les ordinands fussent capables de remplir les fonctions du sacerdoce. Sur la demande de l'évêque, Vincent rédigea le programme des exercices à suivre pendant la retraite de l'ordination qui allait s'ouvrir à Beauvais; ce programme fut jugé si parfait, que peu à peu on l'adopta dans les autres diocèses, et que la retraite de Beauvais fut le modèle partout imité. En février 1631, l'archevêque de Paris demanda à Vincent de vouloir bien diriger lui-même la retraite des ordinands de son diocèse, et de les recevoir au collège des Bons-Enfants. Vincent refusa d'abord, s'excusant sur ses travaux déjà si nombreux et si considérables : l'œuvre des Missions, l'œuvre de plus en plus étendue des

Charités, celle des forçats, qu'il continuait à visiter, et en outre la direction des filles de la Visitation, qui prenait aussi une partie de son temps. Il finit cependant par céder aux instances de l'archevêque, et la retraite de l'ordination pour le carême de 1631 se fit au collège des Bons-Enfants. Vincent y présida, ainsi qu'aux autres retraites d'ordination de la même année et à celles des années suivantes.

Les ordinands, dans ces retraites, n'avaient à s'occuper que des exercices consacrés à leur instruction et à leur avancement spirituel. Ils trouvaient chez les pères et les frères de la Mission des hôtes empressés, qui leur épargnaient tout soin de la vie matérielle; ils étaient logés et nourris gratuitement. Chaque jour on leur faisait deux entretiens, l'un le matin, l'autre le soir. L'entretien du matin avait pour objet la théologie morale; l'entretien du soir portait sur les fonctions et les vertus des saints ordres. Après chaque entretien, les ordinands se réunissaient par douze ou quinze en conférences, et discutaient la matière dont il avait été traité; un prêtre de la mission dirigeait chaque conférence, et les ordinands répondaient à ses interrogations. Les résultats de ces retraites furent admirables, comme nous le voyons par une lettre de Vincent adressée, le 5 juillet 1633, à du Coudrai, qui était alors à Rome.

« Il faut que vous sachiez, lui disait-il, qu'il a plu à la bonté de Dieu donner une bénédiction toute particulière, et qui n'est pas imaginable, aux exercices de nos ordinands. Elle est telle, que tous ceux qui y ont passé, ou la plupart, mènent une vie telle que doit être celle des bons et parfaits ecclésiastiques. I y en a même plusieurs qui sont considérables par leur naissance ou par les autres qualités que Dieu a mises en eux, lesquels vivent aussi réglés chez eux que nous vivons chez nous, et sont autant et même plus intérieurs que plusieurs d'entre nous, n'y eût-il que moi-même. Ils ont leur temps réglé, font oraison mentale, célèbrent la sainte messe, font les examens de conscience tous les jours comme nous. Ils s'appliquent à visiter les hôpitaux et les prisons, où ils catéchisent, prêchent, confessent, comme aussi dans les collèges, avec des bénédictions très particulières de Dieu. Entre plusieurs autres, il y en a douze ou quinze dans Paris qui vivent de la sorte, et qui sont personnes de condition, ce qui commence à être connu du public. »

Ces retraites pour l'ordination furent, jusqu'en 1643, au nombre de six chaque année; à partir de 1643, on les réduisit à cinq. Elles se firent au collège des Bons-Enfants, tant qu'y résidèrent les prêtres de la Mission; puis à Saint-Lazare, quand ils allèrent habiter cette ancienne léproserie.

Vincent de Paul prit possession de Saint-Lazare le 8 janvier 1632. Tous ceux qui connaissent Paris ont vu, dans la rue du Faubourg-Saint-Denis, au n° 117, une maison vieille, énorme, décrépite, qui sert de prison pour les femmes; c'est Saint-Lazare. Les détenues y sont au nombre de mille environ, et partagées en quatre catégories : prévenues, condamnées, jeunes filles subissant la correction paternelle, femmes de mauvaise vie détenues administrativement. M. Maxime du Camp, au troisième volume de son ouvrage sur *Paris dans la seconde moitié du* XIXe *siècle,* en décrit ainsi l'intérieur : « Larges cours plantées d'arbres, escaliers à rampes de bois, dortoirs sous les combles, pistoles installées dans des chambres assez aérées, atelier pris au hasard dans les premières salles venues, vastes réfectoires, hautes murailles, chapelle suffisante et nue, petit oratoire élevé sur l'emplacement même de l'appartement de Vincent de Paul. »

Autrefois Saint-Lazare était un hôpital affecté spécialement aux lépreux, une *léproserie,* dont la fondation remontait au XIIe siècle. En 1630, des chanoines réguliers de Saint-Victor l'occupaient au nombre de huit, sous la direction d'un prieur; mais il ne s'y trouvait alors aucun lépreux. La lèpre, d'ailleurs, était dès lors trop peu fréquente pour qu'une maison spéciale, telle que celle de Saint-Lazare, fût réservée plus longtemps au traitement de cette maladie. Le prieur des chanoines réguliers de Saint-Victor qui y résidaient en 1630 était Adrien le Bon. Il forma la résolution de se retirer, par ce motif que la léproserie était devenue inutile, et aussi parce qu'il ne s'entendait pas avec ses religieux. Après avoir obtenu leur assentiment, il offrit son prieuré de Saint-Lazare à Vincent de Paul pour qu'il y établît la compagnie de la Mission. Vincent commença par refuser cette offre, qu'il trouva trop magnifique. Et, à ce propos, nous ferons remarquer que presque toujours il refusait dès l'abord ce que dans la suite il finissait par accepter. C'était chez lui humilité et prudence; c'était l'application d'une règle de conduite qui explique bien des circonstances de sa vie, et dont nous trouvons l'expression dans les termes suivants d'une lettre qu'il adressa le 1er avril 1642 à un prêtre de sa congrégation : « Je désire être dans cette pratique de ne rien conclure ni entreprendre tandis que je serai dans ces ardeurs d'espérance et de vues de grands biens. » Il refusa donc d'abord le prieuré de Saint-Lazare : cette offre, disait-il, lui paraissait trop belle pour de pauvres prêtres vivant dans la simplicité, sans autre dessein que de servir les pauvres gens de la campagne; d'ailleurs, ils étaient à peine nés et en bien petit nombre; l'étroite et pauvre maison des Bons-Enfants suffisait à leur petitesse ; l'obscurité et le silence leur convenaient; l'éclat et le bruit qui pourraient résulter de cette affaire lui semblaient à craindre. C'est seulement après dix-huit mois, pendant lesquels la même offre lui fut renouvelée à diverses reprises avec de pressantes sollicitations, qu'il céda aux instances de personnages les plus recommandables, et que, revenant enfin sur son refus, il accepta Saint-Lazare.

Un concordat fut passé, le 7 janvier 1632, entre Adrien le Bon et Vincent de Paul : le premier agissant en son nom et au nom de ses religieux, le second tant en son nom qu'au nom des prêtres de sa compagnie. Il était dit dans cet acte que, la maladie de la lèpre n'étant plus aussi fréquente qu'autrefois, et présentement Saint-Lazare ne contenant pas un seul lépreux, on ne saurait mieux se conformer à l'intention des donateurs qu'en appliquant les revenus du prieuré au soulagement spirituel du pauvre peuple des campagnes ; que, les prêtres de la Mission se vouant avec un grand fruit à cette œuvre excellente, il serait bon de coopérer à leur établissement et accroissement; qu'en conséquence les chanoines réguliers de Saint-Victor et leur prieur, moyennant le bon plaisir du pape et de l'archevêque de Paris, du roi et du parlement, résignaient le prieuré de Saint-Lazare et en faisaient annexion perpétuelle à la Mission, cela aux conditions suivantes : que le prieur conserverait son logement actuel pendant sa vie, garderait son rang au service, au chapitre et au réfectoire, recevrait une pension et aurait en outre deux terres dépendantes du prieuré; que les chanoines réguliers de Saint-Victor résidant actuellement à Saint-Lazare auraient liberté d'y rester, avec une pension annuelle.

La première formalité indispensable pour rendre ce concordat valable était que l'archevêque de Paris prononçât par un décret l'union du prieuré de Saint-Lazare à l'œuvre de la Mission. Ce décret fut rendu le lendemain même de la signature du concordat, c'est-à-dire le 8 janvier. « Dieu, par sa grande miséricorde, disait l'archevêque, a suscité de nos jours dans ce royaume de France maître Vincent de Paul et ses disciples, hommes vraiment apostoliques, très amateurs de l'humilité chrétienne, qui par une inspiration toute divine, laissant les habitants des villes, où ils voient un grand nombre de prêtres, tant séculiers que réguliers, appliqués au salut des âmes, parcourent les divers villages de notre diocèse; et là, cherchant les seuls intérêts de Jésus-Christ, avec des discours pris non dans les paroles persuasives de la sagesse humaine, mais dans la manifestation de l'esprit et de la puissance, exhortent à la confession générale, recommandent la communion fréquente, instruisent les ignorants, corrigent et détruisent les mauvaises mœurs, établissent, avec notre autorisation, la confrérie de la Charité dans toutes les paroisses, disposent les peuples à recevoir fructueusement nos visites, les poussent, en un mot, par leur parole et par leurs exemples, à fuir le vice et à suivre la vertu, comme le peuvent attester presque tous les grands de ce royaume de France. Il était donc de notre devoir de rendre grâce à l'Auteur de tout bien de nous avoir envoyé de si utiles coopérateurs, comme il est de notre prévoyance pastorale de prier le même Dieu très bon et très grand de ne les pas laisser manquer du nécessaire. Dieu a entendu nos vœux et les a exaucés dans son infinie bonté. Depuis longtemps nous leur cherchions en vain dans notre diocèse un établissement fixe et stable, lorsqu'un homme très désireux du salut des âmes, nommé Adrien le Bon, et les religieux de son prieuré, voyant les fruits très abondants produits par ces missionnaires, nous ont prié d'agréer le consentement donné par eux à l'union de la léproserie de Saint-Lazare à la congrégation de la Mission. Or, comme de science certaine nous savons que tous les ordres de la société, et surtout les villages, en tireront une grande utilité, nous accédons à leur juste demande, sous le bon plaisir du pape et du roi, et aux conditions arrêtées entre eux. Nous voulons de plus que nous et nos successeurs jouissions, comme auparavant à Saint-Lazare, de toute juridiction et autorité, avec droit de visite au spirituel et au temporel ; que les prêtres de la Mission récitent l'office au chœur, acquittent les fondations, continuent à admettre les lépreux à Saint-Lazare, y résident au moins douze, lesquels parcourront tour à tour, aux frais de la congrégation, les villages de notre diocèse, où ils demeureront, suivant le besoin, un ou deux mois; enfin qu'aux quatre-temps de l'année, et sans préjudice des missions, ils reçoivent les ordinands du diocèse de Paris envoyés par nous, qu'ils entretiendront gratuitement pendant quinze jours pour leur donner les exercices spirituels. »

Le jour même où était rendu ce décret d'union, Vincent de Paul prit possession de Saint-Lazare; ce fut l'archevêque de Paris qui l'y conduisit et l'y installa. Quelques jours après, toujours en janvier 1632, Louis XIII, par lettres patentes, confirma le décret d'union, « ayant été particulièrement informé, disait le roi, des grands fruits que les prêtres de la congrégation de la Mission ont faits en diverses provinces de notre royaume depuis leur établissement en icelui, et de ceux qu'ils font encore journellement pour la gloire de Dieu et le salut des âmes de plusieurs de nos sujets. » Le 24 mars suivant, l'agrément du prévôt des marchands et des échevins de la ville de Paris vint s'ajouter à l'approbation royale, et la congrégation de la Mission se trouva définitivement installée à Saint-Lazare.

La même année, Vincent obtint du roi, pour y loger les forçats, l'ancienne tour Saint-Bernard, sur la paroisse Saint-Nicolas-du-Chardonnet, entre la porte Saint-Bernard et la Seine. Dès les commencements de l'œuvre des forçats, son intention avait été que cette œuvre devînt permanente. Il fallait pour cela qu'un hospice fût affecté exclusivement à ces malheureux, et remplaçât l'hospice provisoire qu'il leur avait ouvert près de l'église Saint-Roch. Voilà pourquoi il demanda la tour Saint-Bernard; aussitôt qu'il l'eut obtenue, il y fit conduire les forçats. Ses nombreuses occupations ne lui permirent d'y faire que de rares visites; mais il chargea les prêtres de la Mission d'y exercer le ministère spirituel et d'y célébrer chaque jour le sacrifice de la messe. Il confia en outre à Mlle le Gras, alors supérieure de la confrérie de la Charité dans la paroisse de Saint-Nicolas-du-Chardonnet, le soin de visiter les forçats, de les assister de sa bourse et des aumônes qu'elle recueillerait ou qu'il recueillerait lui-même en faveur de ces malheureux.

Mlle le Gras, dont le nom se présente ici pour la première fois sous notre plume, eut une grande part à l'apostolat de charité qui mérita la reconnaissance de l'humanité et l'auréole céleste à saint Vincent de Paul. Elle fut son auxiliaire dévouée, et joignit à un zèle ardent une rare intelligence. D'une famille distinguée, elle avait reçu une excellente éducation, avait étudié les sciences, le latin, la philosophie, et savait la peinture, qu'elle ne cessa jamais de cultiver. Le garde des sceaux Michel de Marillac était son oncle. Avant d'être mariée, elle se nommait Louise de Marillac. Elle était née en 1591. Antoine le Gras, son mari, qu'elle épousa en 1613, était secrétaire des commandements de Marie de Médicis; il mourut en 1625. Devenue veuve, Mlle [1] le Gras résolut de se consacrer à Dieu, et fit vœu de « pratiquer les très hautes vertus d'humilité, obéissance, pauvreté, souffrance et charité ». Après avoir été sous la direction spirituelle de Camus, évêque de Belley, elle passa sous celle de Vincent de Paul.

[1] Les personnes qui n'étaient pas de la plus haute noblesse conservaient le titre de *mademoiselle* quand elles étaient mariées.

C'est à la suite de longues et instantes prières qu'elle obtint de Vincent, toujours en défiance contre les enthousiasmes trop vifs et les résolutions trop promptes, la faveur d'employer son zèle et sa fortune au service des pauvres. Elle commença par des visites aux confréries de Charité. « Allez donc, Mademoiselle, lui écrivait-il le 6 mai 1629, allez au nom de Notre-Seigneur ! Je prie sa divine bonté qu'elle vous accompagne, qu'elle soit votre soulas (*consolation*) en chemin, votre ombre contre l'ardeur du soleil, votre couvert à la pluie et au froid, votre lit mollet en votre lassitude, votre force en votre travail, et qu'enfin il vous ramène en parfaite santé et pleine de bonnes œuvres. »

Mlle le Gras visita en 1629 plusieurs des Charités de province et celles de Paris, réchauffant le zèle des personnes qui en faisaient partie et en augmentant le nombre. Elle fonda, en 1630, à Paris, dans la paroisse de Saint-Nicolas-du-Chardonnet, où elle avait sa résidence, une nouvelle confrérie de Charité dont elle fut la supérieure. Les débuts de cette confrérie furent signalés par les soins qu'elle donna elle-même à une fille atteinte de la peste. Vincent, informé de cet admirable dévouement, lui écrivit aussitôt : « Cela m'a si fort attendri le cœur, que, s'il n'eût été nuit, je fusse parti à l'heure même pour vous aller voir. Mais la bonté de Dieu sur les personnes qui se donnent à lui pour le service des pauvres de la confrérie de la Charité, en laquelle jusques à présent aucune n'a été frappée de la peste, me fait avoir une très parfaite confiance en lui que vous n'en aurez point de mal. Croiriez-vous, Mademoiselle, que non seulement je visitai M. le sous-prieur de Saint-Lazare, qui mourut de la peste, mais même que je sentis son haleine? Et néanmoins ni moi ni nos gens, qui l'assistèrent jusqu'à l'extrémité, n'en avons point eu de mal. Non, Mademoiselle, ne craignez point : Notre-Seigneur veut se servir de vous pour quelque chose qui regarde sa gloire, et j'estime qu'il vous conservera pour cela. » Plusieurs fois cependant il crut devoir modérer l'ardeur de Mlle le Gras. Ainsi il lui écrivit un jour : « Prenez garde de n'en pas faire trop. C'est une ruse du diable, dont il trompe les bonnes âmes, que de les inciter à faire plus qu'elles ne peuvent, afin qu'elles ne puissent rien faire. » Et dans une autre lettre : « Il me semble que vous êtes meurtrière de vous-même, par le peu de soin que vous avez de votre santé. Soyez bien gaie, je vous en supplie. Oh ! que les personnes de bonne volonté en ont grand sujet !... Seigneur Dieu ! faites votre possible pour vous bien porter, et traitez-vous mieux... »

Pendant plusieurs années Mlle le Gras poursuivit ses visites aux confréries de Charité, enflammant les cœurs par ses exemples et ses paroles, donnant plus de vie et de développement aux confréries existantes et en établissant de nouvelles. Partout où elle allait, on se pressait pour la voir et l'entendre. A Beauvais, au mois de décembre 1630, elle eut un si grand succès et de tels applaudissements, que Vincent crut devoir la mettre en garde contre la vanité qu'elle pouvait en concevoir, toute humble qu'elle fût. « Unissez votre esprit, lui écrivait-il, aux moqueries, aux mépris et aux mauvais traitements que le Fils de Dieu a soufferts. Lorsque vous serez estimée et honorée, ayez, Mademoiselle, un esprit vraiment humble et humilié autant dans les honneurs que dans les mépris; et faites comme la mouche à miel, qui fait son miel aussi bien de la rosée qui tombe sur l'absinthe que de celle qui tombe sur la rose. » Belles paroles,

La bourse de Mlle le Gras, conservée au musée de la Mission, à Paris.

rendues encore plus frappantes par une de ces comparaisons poétiques qui s'épanouissaient parfois, comme des fleurs naturelles, dans le langage de Vincent de Paul.

Mais le zèle de Mlle le Gras allait se déployer dans une œuvre plus admirable encore : l'œuvre des filles de la Charité.

Dans les grandes villes, et surtout à Paris, les membres des confréries de Charité étaient des femmes de la bourgeoisie ou même des dames de condition. Les unes et les autres ne se trouvaient, ni par leur éducation ni par leurs habitudes, préparées aux soins continuels et souvent rebutants que réclamaient les pauvres malades. On ne tarda pas à reconnaître que pour servir les pauvres il leur fallait des aides, de braves et simples filles habituées aux plus rudes occupations. La confrérie de la paroisse Saint-Sauveur, à Paris, manifesta la première à Vincent le désir d'avoir une pareille servante des pauvres. Vincent indiqua une jeune bergère de Villepreux, qui avait appris à lire toute seule en gardant les vaches, et qui avait montré un grand zèle dans la Charité de son village. Les dames de Saint-Sauveur l'ayant agréée, il la fit venir à Paris et la mit quelque temps sous la direction de Mlle le Gras. Cette jeune villageoise fut, à proprement parler, la première des filles de la Charité. Des confréries de diverses paroisses imitèrent celle de Saint-Sauveur, et s'adjoignirent une ou deux servantes des pauvres. Toutefois il n'y avait encore là que le germe de la grande institution à créer pour le soulagement des misères humaines. Cette institution ne pouvait exister sans une direction unique, réunissant les efforts isolés et les concentrant vers un même but, sans une règle qui la rendît forte et durable. C'est à quoi Vincent résolut de travailler, et, pour préparer la réalisation de son dessein, il confia à Mlle le Gras, le 25 novembre 1633, un certain nombre de jeunes filles, la chargeant de les loger chez elle, sur la paroisse de Saint-Nicolas-du-Chardonnet, de les entretenir et de les former à l'art de la Charité. Mlle le Gras se dévoua à cette belle œuvre avec tout son zèle et toute son intelligence. Elle s'y consacra solennellement par un vœu irrévocable, en 1634, le 25 mars, fête de l'Annonciation de la sainte Vierge. De ce jour mémorable date véritablement la naissance de l'œuvre des filles de la Charité, bien que Vincent, avec sa prudence ordinaire, ait attendu encore douze années, jusqu'en 1646, jusqu'à ce qu'elles se comptassent par milliers, avant de provoquer définitivement leur érection en confrérie.

CHAPITRE IX

Humilité de Vincent. — Continuation de la réforme du clergé. — Les conférences ecclésiastiques. — Simplicité de la parole recommandée par Vincent aux missionnaires et à tous les prédicateurs. — Exemple de son genre d'éloquence. — Ses retraites spirituelles.

N'avions-nous pas raison de dire, en commençant, que Vincent de Paul eut le génie de la charité? Ne fallait-il pas l'esprit de charité poussé jusqu'au génie pour concevoir et créer ces grandes œuvres qui manquaient au monde, ces œuvres que le monde entier, que tous les peuples, toutes les croyances devaient nous envier; ces œuvres qui, plus durables que les empires, allaient se développer immortelles, avec l'admiration et la reconnaissance des hommes, sous les bénédictions du ciel?

Oui, certes, il fallait au créateur de ces œuvres le génie de la charité. Et ce qui ajoute encore à notre admiration pour lui, c'est qu'il les créa simplement et sans bruit, comme s'il n'eût rien fait que de facile et d'ordinaire; c'est qu'il conserva toujours, au milieu de la vénération dont il était entouré, cette humilité admirable qui fut comme le sceau imprimé sur tous les actes de sa vie. Homme de génie, parfait homme de bien, modèle des vertus chrétiennes, craignant l'éclat, se dérobant aux honneurs, reportant à Dieu seul le mérite et la gloire de ses œuvres, il avait toujours présente à l'esprit la pauvre condition dans laquelle il était né; il se voyait toujours, petit berger, conduisant son troupeau près des ruines de Notre-Dame de Buglosse, et il prenait soin que personne autour de lui ne l'ignorât ou ne l'oubliât. Un jour qu'il avait reçu à Saint-Lazare la visite de l'évêque de Saint-Pons, et que ce prélat lui parlait du château de Montgaillard : « Oh! je le connais bien, dit Vincent; dans ma jeunesse, je menais souvent mes bestiaux de ce côté-là. » Il écrivait, en 1633, à un des prêtres de la Mission : « Ces jours passés, je disais avec consolation, en prêchant dans une communauté, que je suis le fils d'un pauvre laboureur, et, dans une autre compagnie, que j'ai gardé les bestiaux. Croiriez-vous bien, Monsieur, que je crains d'en avoir de la vaine satisfaction, à cause de la peine que la nature en souffre? » L'archidiacre de Langres lui ayant proposé de lui dédier un livre, il répondit : « Je vous remercie très humblement de l'honneur que vous voulez me faire; je vous en suis très obligé; mais vous me désobligeriez extrêmement si vous en veniez aux effets. Les lettres dédicatoires se font à la louange de ceux à qui elles s'adressent, et je suis tout à fait indigne de louange. A bien parler de moi, il faudrait dire que je suis le fils d'un laboureur, que j'ai gardé les pourceaux et les vaches, et ajouter que cela n'est rien au prix de mon ignorance et de ma malice. Jugez de là, Monsieur, si une personne si chétive que je suis doit être nommée en public de la manière que vous me le proposz. C'est le plus grand déplaisir que vous sauriez me faire. Oui, Monsieur, il me serait si sensible, que je ne sais si j'en perdrais le ressentiment. » Un ouvrage fut pourtant dédié à Vincent de Paul ; c'est l'*Hortus pastorum* de *Marcancius* (le Marchand ou Marchand), édité en 1646 par Alix. « Si vous aviez pensé que je suis le fils d'un pauvre laboureur, lui écrivit Vincent, vous ne m'auriez pas donné cette confusion, ni vous n'auriez pas fait ce tort à votre livre, de mettre en son frontispice le nom d'un pauvre prêtre qui n'a d'autre lustre que des misères et des péchés. »

C'est ainsi que le fondateur des confréries de Charité, l'aumônier général des galères, le supérieur des couvents de la Visitation, le créateur de l'œuvre des Missions, le créateur de l'œuvre des filles de la Charité, ne cessait de rappeler ses humbles commencements, pour mieux montrer qu'il était l'instrument des desseins de la Providence. Mais, tout en revivant par la pensée au sein de son humble famille, il persistait à ne pas vouloir qu'aucun des siens quittât la vie laborieuse des champs, à ne rien vouloir distraire en leur faveur du patrimoine des pauvres que les aumônes mettaient entre ses mains. Ayant appris qu'un de ses frères, ruiné par la perte d'un procès, espérait trouver auprès de lui des ressources contre sa mauvaise fortune, il écrivit, le 29 août 1635, à un personnage de condition qui s'était entremis dans cette affaire : « Et pour ce qu'on m'a dit qu'il a quelque pensée de venir en cette ville me voir, je vous supplie, Monsieur, de l'en détourner, tant à cause de son vieil âge que pour ce que, quand il y serait, je ne pourrais lui rien donner, n'ayant la disposition de quoi que ce soit pour lui pouvoir donner. »

Ce renoncement parfait, cette constante humilité, qui convenaient si bien au père des pauvres, étaient aussi des vertus essentielles pour travailler efficacement à l'amélioration du clergé. Nous avons vu Vincent de Paul commencer par les retraites des ordinands. Il continua par les conférences ecclésiastiques, destinées à rendre durables les fruits des exercices de l'ordination. Le 11 juin 1633, il exposa pour la première fois le dessein de ces conférences à quelques jeunes ecclésiastiques. Dans une réunion préliminaire, qui se tint le 9 juillet suivant, on décida, conformément à son avis, qu'elles auraient lieu tous les mardis, à Saint-Lazare, de Pâques à la Toussaint, et au collège des Bons-Enfants pendant le reste de l'année. On adopta dans la même réunion le règlement dirigé par Vincent. Ce règlement portait que les ecclésiastiques appartenant au clergé séculier seraient seuls admis aux conférences; que les ecclésiastiques appartenant aux congrégations religieuses en seraient exclus; que tous les membres des conférences seraient tenus d'assister à la réunion du mardi, à moins d'empêchement légitime; qu'en ce cas ils s'excuseraient préalablement, ou bien, s'ils n'avaient pu le faire, qu'ils présenteraient leurs excuses à la réunion suivante; que les sujets traités seraient de trois sortes : vertus des chrétiens, devoirs des ecclésiastiques, charges ou dignités de l'Eglise; que chacun parlerait à son tour sur le sujet proposé, et ne garderait pas la parole au delà d'un quart d'heure; que chaque séance durerait d'une heure et demie à deux heures. La première conférence ecclésiastique se tint le 16 juillet 1633, à Saint-Lazare.

Une des plus instantes recommandations de Vincent était qu'on parlât simplement. Ce n'est pas, du reste, dans les seules conférences qu'il voulait la simplicité de parole, il la voulait aussi dans la chaire sacrée, et la recommandait constamment à ses missionnaires. Il comprenait la nécessité de réagir, comme l'avait déjà fait François de Sales, contre l'éloquence affectée, contre la vaine et singulière rhétorique de certains prédicateurs de l'époque, qui s'appliquaient à faire montre d'une puérile et fausse érudition, accumulant les citations latines, mêlant les textes profanes aux textes sacrés, et dont les discours devenaient un fatras à peu près incompréhensible pour la plupart des fidèles. En recommandant aux missionnaires et à tous les ecclésiastiques la simplicité de paroles, Vincent travaillait donc encore à cette réforme du clergé qui était une de ses grandes préoccupations; il travaillait également à faire que l'enseignement spirituel et moral fût mis à la portée de ce pauvre peuple des campagnes auquel il s'était dévoué. « Étudiez-vous, disait-il, à prêcher comme Jésus-Christ. Ce divin Sauveur pouvait, s'il l'eût voulu, dire des merveilles de nos plus relevés mystères, avec des conceptions et des termes qui leur fussent proportionnés, étant lui-même le verbe et la sagesse du Père éternel; et néanmoins nous savons de quelle manière il a prêché, simplement et humblement, pour s'accommoder au peuple et nous donner le modèle et la façon de traiter sa sainte parole. . . . .

« Oh! que si vous saviez combien c'est un grand mal que de s'ingérer dans l'office de prédicateur pour prêcher autrement que Jésus-Christ n'a prêché, et autrement que ses apôtres et plusieurs grands saints et serviteurs de Dieu n'ont prêché et ne prêchent encore à présent, vous en auriez horreur. Nous devons souhaiter et demander à Dieu qu'il lui plaise faire la grâce à toute la compagnie, et à chacun de nous en particulier, d'agir simplement et bonnement, et de prêcher les vérités de l'Évangile en la manière que Notre-Seigneur les a enseignées, en sorte que tout le monde les entende et que chacun puisse profiter de ce que nous dirons. » Il ajoutait : « Comme les beautés naturelles ont bien plus d'attraits que les artificielles et les fardées, de même les discours simples et communs sont mieux reçus et trouvent une plus favorable entrée dans les esprits que ceux qui sont affectés et artificieusement polis. »

Lui-même pratiquait admirablement cette simplicité de paroles qu'il demandait aux autres. Excellant à se mettre à la portée de son auditoire, il rendait ses enseignements plus sensibles encore par des comparaisons frappantes et pittoresques, qui se présentaient naturellement à son esprit. Parmi de nombreux exemples que nous pourrions citer, nous choisissons le passage suivant d'un de ses discours aux filles de Charité : « Dieu n'est point un tyran, il ne fait souffrir que pour son bien une personne qui le sert. Voyez le sculpteur qui veut faire une belle image d'une pierre grossière. Il prend son marteau, il frappe dessus à grands coups, de sorte qu'à le voir vous diriez qu'il va la briser entièrement. Puis, quand il a ôté le plus gros, il prend un marteau plus petit, et le ciseau ensuite, pour commencer la figure avec toutes ses parties. Quand elle est formée, il prend d'autres outils plus délicats pour la mettre dans la perfection qu'il a dessein de donner à cette image. Ainsi fait Dieu. Voilà une pauvre fille de Charité, ou un missionnaire : quand Dieu les retire de la masse corrompue du monde, ils sont encore dans la grossièreté et la brutalité, ils sont comme de grossières pierres. Dieu veut cependant en faire de belles images, et pour cela il y met la main et frappe à grands coups de marteau ; et comment le fait-il? en leur faisant souffrir tantôt la chaleur, tantôt le froid, puis en allant voir les malades aux champs, où le vent cingle en hiver, et où il ne faut point laisser d'aller par ce mauvais temps. Eh bien! ce sont là de grands coups de marteau que Dieu décharge sur une pauvre fille de la Charité ; et qui ne regarderait qu'à ce qui paraît, dirait que cette fille est malheureuse : mais, si l'on jette les yeux sur les desseins de Dieu, on verra que tous ces coups ne sont que pour former cette belle âme. Et lorsque, après avoir envoyé de grandes peines, tant de corps que d'esprit, et qu'il voit que ce qu'il y avait de plus grossier est ôté de cette âme par le moyen de la patience qu'elle a pratiquée, oh! pour lors il prend des ciseaux pour la perfectionner ; il commence à faire les traits du visage, il la pare et l'embellit, il prend plaisir à l'enrichir de ses grâces, et ne cesse jamais qu'il ne l'ait rendue parfaitement agréable... Abandonnez-vous donc à la condite de la Providence, comme l'enfant à sa nourrice. Que la nourrice mette l'enfant sur son bras droit, il y est content; qu'elle le tourne sur le gauche, il ne s'en met pas en peine, et, pourvu qu'il ait sa mamelle, il est satisfait... Oh! je sais qu'il y en a parmi vous qui ne demandent pas autre chose, et qui disent : « Dieu est mon père; qu'il me mette au côté droit, « c'est-à-dire à mon aise, ou au côté gauche, qui « signifie la croix, il n'importe, il me fortifiera, je « l'espère. »

Vincent ne demandait pas seulement aux prédicateurs d'être simples dans leur parole, mais encore dans leur ton, de ne pas déclamer, de dire sans emphase et naturellement. Il croyait, et avec juste raison, que l'on allait ainsi plus droit à l'esprit et au cœur. « Les comédiens, écrivait-il, ayant reconnu cela, ont changé leur manière de parler, et ne récitent plus leurs vers avec un ton élevé, comme ils faisaient autrefois; mais ils le font avec une voix médiocre, et comme parlant familièrement à ceux qui les écoutent. C'était un personnage qui a été de cette condition, lequel me le disait ces jours passés. Or, si le désir de plaire davantage au monde a pu gagner cela sur l'esprit des acteurs du théâtre, quel sujet de confusion serait-ce aux prédicateurs de Jésus-Christ, si l'affection et le zèle de procurer le salut des âmes n'avait pas le même pouvoir sur eux! »

Les prêtres de la mission se conformèrent aux préceptes de Vincent; l'un d'entre eux les résuma dans un opuscule publié en 1666, et intitulé : *Abrégé de la méthode de prêcher,* qui devint classique dans toutes les maisons de la compagnie. Beaucoup d'autres ecclésiastiques suivirent cet exemple, et se firent un honneur de prêcher à « la missionnaire ». On peut donc, sans crainte d'erreur, attribuer à Vincent de Paul une grande part dans cette réforme de la prédication dont François de Sales avait montré la voie, et qui allait, avec Bossuet et Bourdaloue, régénérer la chaire chrétienne.

Des conférences ecclésiastiques furent établies dans diverses villes, sur le modèle de celles que Vincent avait fondées à Paris. Elles exercèrent partout une heureuse influence, sans avoir toutefois le même éclat. Parmi les hommes éminents qui fréquentèrent les conférences de Saint-Lazare ou des Bons-Enfants, on cite Pavillon, qui fut évêque d'Alet; Olier, qui fut curé de Saint-Sulpice, et Bossuet. Ce dernier avait fait à Saint-Lazare sa retraite de préparation au sacerdoce; il y prêcha plus tard, à plusieurs reprises, pour la retraite des ordinands, et il se félicitait d'« avoir eu le bien, dans les sept dernières années de la vie de M. Vincent, d'être admis dans la compagnie des ecclésiastiques qui s'assemblaient pour la conférence spirituelle des mardis ».

Outre les conférences, réservées, comme nous l'avons vu, aux seuls membres du clergé séculier, Vincent institua à Saint-Lazare des retraites spirituelles auxquelles étaient admis non seulement les membres du clergé séculier et ceux des congrégations religieuses, mais aussi les gens du monde, et parmi ceux-ci les riches et les pauvres sans aucune distinction. Toujours convaincu qu'il est impossible de rien fonder qui soit durable et d'un effet réel en dehors des règles fixes s'étendant jusqu'aux plus minutieux détails, Vincent fit encore ici ce que nous l'avons déjà vu faire dans ses autres fondations : il rédigea pour les retraites spirituelles un règlement détaillé, où les moindres choses étaient prévues. D'après ce règlement, celui qui voulait faire la retraite ou l'exercice spirituel, et qu'on nommait l'*exercitant,* était logé et nourri gratuitement à Saint-Lazare. Il pouvait prendre part à la retraite publique, ou, s'il le préférait, faire une retraite privée : dans le premier cas, il suivait les exercices en commun avec les autres exercitants; dans le second cas, il avait son directeur particulier, qui le visitait, après chaque repas, pendant une demi-heure environ. Ce directeur, auquel Vincent recommandait de se montrer dans ces visites « modestement gai et gaiement modeste », devait en outre veiller au bien-être de l'exercitant et à ce qu'il eût toutes les choses nécessaires, livres, papier, encre, plumes, chandelle, draps de lit, *bonnet de nuit.*

Un très grand nombre de personnes, de tout état et de toute condition, venaient à Saint-Lazare faire la retraite spirituelle; Vincent éprouvait une grande joie du succès de cette œuvre, et il exhortait ses prêtres à la poursuivre toujours avec le même zèle. « Oh! Messieurs, leur disait-il, que nous devons bien estimer la grâce que Dieu nous fait de nous amener tant de personnes pour les aider à faire leur salut! Il y vient même des gens de guerre, et ces jours passés il y en avait un qui me disait : « Monsieur, je « m'en dois bientôt aller aux occasions, et je désire « auparavant me mettre en bon état... » Mais quel malheur si cette maison se relâche un jour de cette pratique! Alors qu'arriverait-il? Il serait à craindre que Dieu n'ôtât à la compagnie, non seulement la grâce de cet emploi, mais qu'il ne la privât même de toutes les autres. On me disait avant-hier que le parlement avait dégradé ce jour-là un conseiller, et que l'ayant fait venir en la grand'chambre, où toutes les autres étaient assemblées, vêtu de sa robe rouge, le président appela les huissiers, et leur commanda de lui ôter cette robe et son bonnet, comme indigne de ces marques d'honneur et incapable de la charge qu'il avait. La même chose nous arriverait, Messieurs, si nous abusions des grâces de Dieu en négligeant nos premières fonctions. Dieu nous les ôterait, comme indignes de la condition où il nous a mis et des œuvres auxquelles il nous a appliqués... Cette maison, Messieurs, servait autrefois à la retraite des lépreux. Ils y étaient reçus, et pas un ne guérissait. Et maintenant elle sert à recevoir des pécheurs, qui sont des malades couverts de lèpre spirituelle, mais qui guérissent par la grâce de Dieu; disons plus, ce sont des morts qui ressuscitent. Quel bonheur que la maison de Saint-Lazare soit un lieu de résurrection! Ce saint, après être demeuré trois jours dans le tombeau, en sortit tout vivant. Et Notre-Seigneur, qui le ressuscita, fait encore la même grâce à plusieurs qui, ayant demeuré quelques jours céans, comme dans le sépulcre de Lazare, en sortent avec nouvelle vie. Qui est-ce qui ne se réjouira d'une telle bénédiction? Quel sujet de honte si nous nous rendions indignes d'une telle grâce! Quelle confusion, Messieurs!... Car nous en pourrons venir là, non pas peut-être sitôt, mais à la longue. Quelle en sera la cause? Si on dit à un pauvre missionnaire relâché : « Monsieur, vous plaît-il de conduire cet exercitant « en retraite? » cette prière lui sera une gêne, et, s'il ne s'en excuse, il ne fera, comme on dit, que traîner le balai. Il aura tant d'envie de se satisfaire et tant de peine à retrancher une demi-heure ou environ après le dîner, et autant après le souper, de sa récréation ordinaire, que cette heure lui sera insupportable, quoique donnée au salut d'une âme et la mieux employée de tout le jour. D'autres murmureront de cet emploi, sous prétexte qu'il est fort onéreux et de grande dépense; et ainsi les prêtres de la Mission, qui autrefois auront donné la vie aux morts, n'auront plus que le nom et la figure de ce qu'ils ont été; ce ne seront plus que des cadavres, et non de vrais missionnaires; ce seront des carcasses de Saint-Lazare, et non des Lazares ressuscités, et encore moins des hommes qui ressuscitent les morts... Prions Dieu, Messieurs et mes frères, que ce malheur n'arrive pas! »

Une grande objection était faite à Vincent contre l'œuvre des retraites spirituelles : c'est qu'elles devenaient pour Saint-Lazare la cause d'excessives dépenses, et que les ressources de la maison ne pouvaient suffire à loger et nourrir gratuitement tous ces exercitants, dont le nombre, à certaines époques, montait jusqu'à huit cents par semaine. Mais Vincent avait une foi sans bornes en la divine Providence. Il exprimait cette foi avec une touchante et admirable naïveté. Un jour, le procureur de la congrégation vint lui dire qu'il ne lui restait pas un sou pour le lendemain. « Oh ! Monsieur, répondit Vincent, la bonne nouvelle ! Dieu soit béni ! A la bonne heure ! C'est maintenant qu'il faut faire paraître si nous avons de la confiance en Dieu. Que nous devons être bien aises d'avoir occasion de nous confier en lui seul, et de dépendre, comme de vrais pauvres, de la libéralité d'un tel riche !... Ne craignons rien. La congrégation se détruirait plutôt par les richesses que par la pauvreté. » Comme on lui remontrait que sa trop grande libéralité risquait de conduire à des embarras dont on ne pourrait sortir, il répliqua en souriant : « Quand nous aurons tout dépensé pour Notre-Seigneur, et qu'il ne nous restera plus rien, nous mettrons la clef sous la porte, et nous nous en irons. » Ce n'est pas qu'il méconnût l'utilité d'une sage prudence ; mais son esprit de charité ne pouvait se résoudre à priver personne du bienfait des exercices spirituels. On raconte pourtant qu'une fois, voulant donner l'exemple de la prudence, il se chargea de remplir lui-même les fonctions de frère portier et de faire un choix sévère parmi ceux qui se présenteraient pour participer à la retraite. Qu'arriva-t-il ? Que la sévérité dont il avait cru s'armer se fondit devant les instances qui lui furent faites, et qu'on reçut ce jour-là plus de monde qu'à l'ordinaire. Vers le soir, il ne restait plus de chambre disponible. « Eh bien ! dit-il, qu'on donne la mienne. »

Les frais des retraites spirituelles n'étaient pas entièrement à la charge de Saint-Lazare. Quelques-uns de ceux qui y étaient admis faisaient à la maison, avant de la quitter, un don plus ou moins considérable. Nous trouvons à ce sujet, dans le règlement dont nous parlions plus haut, les dispositions suivantes :

Si l'exercitant offre quelque chose, ne le point refuser, mais simplement lui dire : « Monsieur, nous vous remercions très humblement, et prierons Dieu qu'il soit votre récompense. »

Si, sans rien offrir, il demande si on reçoit, répondre : « Nous n'exigeons rien de personne, mais nous ne refusons pas, n'ayant point de fondation particulière pour cette œuvre. »

S'il dit seulement : « Comment pouvez-vous fournir à cette dépense? Vous avez donc à cet effet de grands revenus? » répondre encore : « A la vérité, la dépense surpasse nos forces; aussi, sans rien exiger, nous ne refusons pas ce qu'on nous offre. »

En général, ne rien dire à ceux qui ne disent rien; répondre aux autres avec prudence, et seulement pour les éclaircir de la vérité, non pour les presser ni solliciter de faire quelque aumône.

CHAPITRE X

Fondation de l'œuvre des dames de la Charité. — La présidente Goussault. — Les dames à l'Hôtel-Dieu. — Progrès de l'œuvre de la Mission. — Les missionnaires à l'armée. — Les missionnaires à la cour.

En 1634, Vincent de Paul, sur les instantes sollicitations d'une riche dame de la haute magistrature, la présidente Goussault, secondée dans ses instances par l'archevêque de Paris, s'occupa de fonder une œuvre nouvelle, qui devint comme une sorte de complément à l'œuvre des filles de la Charité.

La présidente Goussault était veuve; elle consacrait sa fortune au soulagement des pauvres. Ayant reconnu que les malades de l'Hôtel-Dieu n'avaient, ni au point de vue temporel, ni au point de vue spirituel, tous les soins désirables, elle pensa qu'on trouverait parmi les grandes dames assez de personnes animées de l'esprit de charité pour former une compagnie dont la mission spéciale serait de donner à ces malades les soins qui leur manquaient. Elle demanda donc à Vincent de vouloir travailler à la fondation de cette compagnie.

L'Hôtel-Dieu de Paris était alors sous la juridiction du chapitre de Notre-Dame, qui en déléguait l'administration temporelle à une commission laïque, et en confiait la direction spirituelle à vingt-quatre ecclésiastiques choisis par lui. Des religieuses augustines servaient les malades, dont le nombre, habituellement de mille environ, montait quelquefois à quinze cents et jusqu'à deux mille. En général, on y recevait vingt-cinq mille personnes par an. Pour une population si considérable, les ressources étaient insuffisantes, les religieuses en trop petit nombre, et les ecclésiastiques souvent empêchés de donner leurs soins aux malades par le service du chœur. C'est afin de remédier à l'insuffisance de ce qui existait que la présidente Goussault conçut le projet d'une compagnie des dames de la Charité, qui se ferait aider, au spirituel, par quelques prêtres exclusivement consacrés aux malades.

Vincent refusa d'abord de s'associer au projet de la présidente. Il n'avait, disait-il, ni caractère ni autorité pour empêcher les abus « qui pouvaient se trouver à l'Hôtel-Dieu comme ailleurs ». La présidente redoubla ses sollicitations et les renouvela à plusieurs reprises; puis, voyant qu'elles étaient impuissantes, demanda à l'archevêque de Paris de vouloir user de son influence pour vaincre la prudente réserve de Vincent. L'archevêque exprima à celui-ci son désir de le voir travailler à la fondation de l'œuvre nouvelle. Vincent obéit.

Son action fut rapide, comme elle l'était toujours quand il avait résolu d'agir. Il réunit, pour conférer avec elles sur la fondation proposée, plusieurs dames riches et influentes, appartenant presque toutes à la magistrature : Mmes de Sainctot, Pollalion, de Bailleul, d'Aligre, femme du chancelier de France, Marie Fouquet, dont le fils devint surintendant des finances, etc. Le projet fut adopté, et la compagnie immédiatement fondée, avec Vincent pour directeur perpétuel, la présidente Goussault pour supérieure, et Mlle Pollalion pour trésorière. Aussitôt les dames de la Charité se mirent à l'œuvre, et, dès le 25 juillet 1634, Vincent écrivait au père Ducoudray, à Rome : « Nous en avons érigé une (confrérie) de cent ou cent vingt dames de qualité, qui chaque jour, quatre à quatre, visitent et secourent jusqu'à huit ou neuf cents pauvres malades avec de la gélatine, des consommés, des confitures et toutes sortes de douceurs, outre la nourriture ordinaire que la maison leur fournit, pour disposer ces pauvres personnes à faire la confession générale de leur vie passée, et à procurer que ceux qui meurent partent de ce monde en bon état, et que ceux qui guérissent fassent résolution de ne plus offenser Dieu, ce qui se fait avec une bénédiction particulière. »

Le nombre des dames de la Charité s'accrut rapidement, et, de cent qu'elles furent au début, s'éleva en quelques années à deux cents. Chacune d'elles, à tour de rôle, instruisait ou servait les malades. On en nommait tous les trois mois quatorze pour l'instruction et autant pour le service. Elles suivirent les recommandations de Vincent, et, loin de se mettre en opposition avec les religieuses de l'Hôtel-Dieu ou de chercher à paraître au-dessus d'elles, ne vinrent au lit des malades que comme leurs auxiliaires. Vêtues simplement, « pour ne pas contrister ces malheureux, à qui le luxe des riches fait mieux sentir le poids de leurs misères, elles les exhortaient et les soignaient; elles leur procuraient, comme le dit Vincent, toute sorte de douceurs, pour les rendre plus attentifs à leurs pieuses exhortations. » Soigner le corps pour arriver à l'âme, c'était la méthode constante de Vincent.

Comme l'Hôtel-Dieu ne donnait rien aux malades avant le dîner, ni entre le dîner et le souper, les dames fournirent le déjeuner et la collation. Elles installèrent dans une maison près de l'Hôtel-Dieu des filles de la Charité, qu'elles chargèrent de préparer ces deux repas : pour le déjeuner, des bouillons au lait; pour la collation, suivant la maladie ou le degré de convalescence, du pain blanc, des biscuits, des confitures, de la gélatine, des fruits, des citrons, des rôties au sucre. Les dames, accompagnées des filles de la Charité, faisaient elles-mêmes la distribution.

Spectacle admirable, que n'auraient jamais pu imaginer les siècles les plus civilisés de la Grèce et de Rome, des femmes du plus grand monde regardant comme un honneur d'être les servantes des pauvres malades! Ainsi se répandait dans tous les rangs de la société l'ardent amour des pauvres qui remplissait le cœur de Vincent. Et le zèle des dames ne se borna pas au service de l'Hôtel-Dieu; mais, à mesure que leur compagnie se développa, ce zèle s'étendit aux diverses œuvres de charité créées par Vincent. Il leur disait, dans un discours prononcé le 11 juillet 1657 chez Mme d'Aiguillon, alors présidente de la compagnie : « La collation et l'instruction des pauvres de l'Hôtel-Dieu, la nourriture et l'éducation des enfants trouvés, le soin de pourvoir aux nécessités spirituelles et corporelles des criminels condamnés aux galères, l'assistance des frontières et provinces ruinées, la contribution aux missions d'Orient, du Septentrion et du Midi : ce sont là, Mesdames, les emplois de votre compagnie. Quoi! des dames faire tout cela! Oui, voilà ce que, depuis vingt ans, Dieu vous a fait la grâce d'entreprendre et de soutenir. »

« Il y a huit cents ans ou environ, disait-il dans un autre passage du même discours, que les femmes n'ont point eu d'emploi public dans l'Église. Il y en avait auparavant qu'on appelait diaconesses, qui avaient soin de faire ranger les femmes dans les églises et de les instruire des cérémonies qui étaient pour lors en usage. Mais, vers le temps de Charlemagne, par une conduite secrète de la divine Providence, cet usage cessa, et votre sexe fut privé de tout emploi, sans que depuis il en ait eu aucun. Et voilà qu'aujourd'hui cette même Providence s'adresse à quelques-unes d'entre vous pour suppléer à ce qui manquait aux pauvres malades de l'Hôtel-Dieu. Elles répondent à son dessein; et, bientôt après, d'autres s'étant associées aux premières, Dieu les établit les mères des enfants abandonnés, les directrices de leur hôpital et les dispensatrices de Paris pour les provinces, et principalement pour les désolées. »

A ce même discours appartiennent encore les lignes suivantes, d'une si vraie éloquence, sur les pauvres et la charité : « Jésus-Christ lui-même a voulu naître pauvre, recevoir en sa compagnie des pauvres, se mettre à la place des pauvres, jusqu'à dire que le bien et le mal que nous ferons aux pauvres, il le tiendra fait à sa personne divine. Quel plus tendre amour pouvait-il témoigner pour les pauvres? Et quel amour, je vous prie, pouvons-nous avoir pour lui, si nous n'aimons ce qu'il a aimé? Tant y a, Mesdames, c'est l'aimer de la bonne sorte que d'aimer les pauvres; c'est le bien servir que de les bien servir... Il faut que les dames se déclarent du parti de Dieu et de la charité. »

Elles se déclarèrent, en effet, du parti de Dieu et de la charité, ces grandes dames que nous venons de voir si humblement, si généreusement, soigner les pauvres malades de l'Hôtel-Dieu, et que nous verrons encore se dévouer à d'autres belles œuvres. Mais n'oublions pas que ce généreux et pieux entraînement eut pour cause l'exemple, la parole de Vincent, l'esprit dont il savait tout animer et qu'il avait répandu parmi ses collaborateurs de Saint-Lazare. Mlle le Gras le savait mieux que personne, et voulait que tout le monde le reconnût. « Il est évident qu'en ce siècle, disait-elle, la divine Providence s'est voulu servir de notre sexe pour faire paraître que c'était elle seule qui voulait secourir les peuples affligés, et donner de puissants aides pour leur salut. Personne n'ignore que Dieu s'est servi pour cet emploi de l'établissement de la Mission par la conduite de monsieur Vincent, et que le bien s'est si fort étendu par cette voie, que cela fait connaître la nécessité de la continuation par le moyen de la communication des besoins, et ce dans les assemblées de dames, auxquelles il semble que toujours l'esprit de Dieu préside. Le pouvoir donné par le saint-père à ladite Mission d'établir la confrérie de la Charité est comme la semence de ce fruit qu'elle produit tous les jours, non seulement en France, mais on peut dire presque par toute la terre habitable. N'a-ce pas été par cette lumière que mesdames de la compagnie ont reconnu le besoin des pauvres, et que Dieu leur a fait la grâce de les secourir si charitablement et si magnifiquement, que Paris a été l'admiration et l'exemple de tout le royaume? Les moyens dont ces charitables dames se sont servis pour l'ordre des distributions, n'ont-ce pas été leurs saintes assemblées, auxquelles présidait monsieur Vincent, chef de la Mission, fournissant, comme tout le monde sait, de fidèles et charitables sujets pour reconnaître les véritables besoins et les fournir prudemment? »

L'œuvre de la Mission, dont Mlle le Gras faisait, avec une si profonde conviction, ressortir l'heureuse influence, prenait une extension de plus en plus considérable. De toutes parts les évêques demandaient à Vincent des missionnaires. Il avait répondu à ces demandes autant que le lui permettait le nombre encore restreint de ses collaborateurs; il en avait envoyé dans divers diocèses : en 1630, à Montauban; en 1634, à Bordeaux et à Saintes; en 1635, à Toul, ainsi que dans les diocèses d'Alais, d'Uzès et de Mende. Au commencement de 1636, il en fit partir plusieurs, sous la direction de Portail, en Auvergne, dans le diocèse de Saint-Flour, où Olier avait sollicité leur présence. Le 24 juin de la même année, Olier écrivait à ses confrères de Saint-Lazare pour en avoir un plus grand nombre. « Messieurs, leur disait-il dans cette lettre, vos premiers exemples m'ont fait quitter Paris;

continuez dans ces divins emplois, puisqu'il est vrai que sur la terre il n'y a rien de semblable. Paris, ô Paris! tu amuses des hommes qui convertiraient plusieurs mondes. » Vincent ne put satisfaire au désir d'Olier, le roi venant de lui demander pour l'armée tous les missionnaires qui restaient à Saint-Lazare.

La France était alors menacée de deux côtés à la fois, sur le Rhin par les Impériaux, vers la Picardie par les Espagnols. Ceux-ci s'emparèrent de la Capelle le 9 juillet, et passèrent la Somme au commencement du mois d'août. Paris crut voir déjà l'ennemi sous ses murs. Artisans et bourgeois s'enrôlèrent, et on se hâta de former au maniement des armes ces nouveaux soldats. Saint-Lazare devint une place d'armes où l'on exerça de nombreuses recrues. Le 15 août, Vincent de Paul écrivait à Portail : « Ce saint jour de l'Assomption n'est pas exempt de cet embarras tumultueux. Le tambour commence à battre, quoiqu'il ne soit encore que sept heures du matin; de sorte que depuis huit jours il s'est dressé céans soixante et douze compagnies. Or, quoique cela en soit ainsi, toute notre compagnie ne laisse pas de faire sa retraite trois ou quatre exceptés, qui sont sur le point de partir et de s'en aller au loin. »

Le même jour où Vincent écrivait cette lettre, le 15 août 1636, Corbie tombait aux mains de l'ennemi. A cette nouvelle, l'épouvante fut au comble. On se hâta d'envoyer contre les Espagnols tout ce qu'on avait pu lever de troupes. L'armée ainsi rassemblée à la hâte comptait environ quarante mille hommes. C'est pour elle que le roi fit demander à Vincent vingt de ses missionnaires. Vincent n'en avait plus que quinze, les autres se trouvant, comme nous venons de le voir, en mission dans diverses parties du royaume. Il s'empressa de se rendre à Senlis, où se trouvait Louis XIII, et de lui présenter ses quinze missionnaires. Avant de les quitter, il les exhorta à avoir « une particulière dévotion au nom que Dieu prend dans l'Écriture, de *Dieu des armées,* et au sentiment qu'avait Notre-Seigneur quand il disait : *Non veni pacem mittere, sed gladium;* et cela pour nous donner la paix, qui est la fin de la guerre ». Il leur recommanda de ne point s'exposer inutilement, de n'entendre que de loin, et avec les précautions nécessaires, les confessions des pestiférés, et de laisser à d'autres leur assistance corporelle, ainsi que de tous les malades. « Allez, leur dit-il; offrez vos prières et vos sacrifices à Dieu pour l'heureux succès des bons desseins du roi et pour la conservation de son armée; aidez les gens de guerre qui sont dans le péché à s'en retirer, ceux qui sont en état de grâce à s'y conserver, et ceux qui mourront à sortir de ce monde en état de salut. » Il prit soin, avant de rentrer à Saint-Lazare, de leur procurer une tente, ainsi qu'une charrette et un mulet pour le transport de leurs personnes et de leurs bagages, et il leur envoya des vivres.

Les résultats obtenus par ces missionnaires furent considérables. Vincent écrivait le 20 septembre à Portail : « Déjà quatre mille soldats ont fait leur devoir au tribunal de la pénitence avec grande effusion de larmes. J'espère que Dieu fera miséricorde à plusieurs par ce petit secours, et que peut-être cela ne nuira pas au bon succès des armées du roi. » Il écrivait à l'un de ceux qui remplissaient cette mission au milieu des troupes : « O Dieu ! Monsieur, que cela est au-dessus de mon espérance ! Il faut s'humilier, louer Dieu, continuer avec courage, et suivre, si vous n'avez d'autre ordre. » Jusqu'à la fin de la campagne, qui se termina le 14 novembre 1636, jour où les Français reprirent Corbie, les missionnaires suivirent l'armée, signalant partout leur zèle, au milieu des dangers de la guerre et du fléau de la peste, qui, rendu bientôt plus terrible par la mauvaise saison, fit de nombreuses victimes. Aucun d'eux ne succomba, et Vincent eut la joie de les revoir tous à Saint-Lazare. Il avait ainsi donné heureusement l'exemple de ce que devait être l'institution future des aumôniers militaires.

Donner l'exemple, voilà quelle était vraiment la mission de Vincent et de ses collaborateurs. Ils l'accomplissaient excellemment, et Olier en témoignait dans les paroles suivantes d'une lettre qu'il leur écrivait en 1737 : « Vous êtes établis par Notre-Seigneur dans la ville de Paris, comme des lumières posées sur un grand chandelier pour éclairer tous les ecclésiastiques de la France. »

L'œuvre de la Mission continuait à s'étendre. En 1637, la duchesse d'Aiguillon consacra 22,000 livres à l'établissement de quatre prêtres de Saint-Lazare dans la ville de son titre ducal, et stipula que cette mission serait établie à perpétuité. En 1638, le cardinal de Richelieu fit venir les missionnaires à Richelieu et à Luçon, et l'évêque de Troyes les installa en Champagne. Cette même année, Louis XIII fit demander à Vincent d'envoyer quelques-uns de ses prêtres à Saint-Germain, pour y prêcher une mission devant la cour. Vincent chercha d'abord, sous divers prétextes, à soustraire sa compagnie à un honneur qu'elle n'avait pas cherché et pour lequel elle n'était pas préparée; mais, le roi ayant insisté, il obéit. Ses prêtres lui demandèrent, en partant pour Saint-Germain, s'ils devaient parler devant la cour aussi simplement qu'ils le faisaient dans les missions des villages. « Sans aucun doute, leur répondit-il; car l'esprit du monde ne se détruit que par la simplicité et l'humilité, qui sont contraires à sa vanité et à son orgueil. » Les missionnaires parlèrent donc au grand monde de la cour ce même langage simple et libre qu'ils parlaient au peuple des champs. On s'étonna d'abord et on les railla, puis on les écouta plus attentivement, on les comprit mieux, on fut frappé et convaincu. Un grand succès couronna leurs efforts, et l'on entendit Louis XIII dire : « Je suis fort satisfait des exercices de la Mission; c'est ainsi qu'il faut travailler; je rendrai ce témoignage partout. »

CHAPITRE XI

Quel était à cette époque le sort des enfants abandonnés. — Douloureuse indignation de Vincent. — Il fonde l'œuvre des Enfants trouvés. — Désolation de la Lorraine. — Secours envoyés par Vincent aux villes et aux campagnes de la Lorraine. — Il veut quitter le généralat de la compagnie de la Mission, et le conserve sur les instances unanimes des missionnaires.

Un soir de l'année 1638, comme Vincent de Paul, au retour d'une mission, arrivait sous les murs de Paris, il entendit un enfant pousser des cris déchirants; il s'approcha et vit cet enfant aux mains d'un misérable qui lui déformait les membres, et qui, malgré les cris de l'innocente créature, continuait son œuvre barbare. C'était alors une coutume fort répandue, parmi les mendiants de profession, d'estropier de pauvres enfants dont ils faisaient ainsi des objets de compassion propres à attirer les aumônes. « Malheureux! cria Vincent à ce bourreau, de loin je vous prenais pour un homme! » Et, saisi d'une sainte indignation, il lui enlève l'enfant, qu'il emporte à travers la ville, jusqu'à la maison de la Couche, située rue Saint-Landry, près de Notre-Dame. La maison dite de *la Couche* était le seul asile ouvert aux enfants trouvés, et Vincent y portait de confiance le petit être qu'il venait d'enlever à son bourreau ; mais à la vue de ce qui se passait dans cette maison, son cœur fut douloureusement ému, et il forma le dessein de s'adresser aux dames de la Charité pour établir, de concert avec elles, une œuvre ayant pour objet spécial de recueillir et d'élever les enfants trouvés.

Ici, comme toujours, l'esprit même de l'Évangile inspirait Vincent de Paul. De tout temps il avait été dans la tradition chrétienne de recueillir et de soigner l'enfant abandonné ; mais tout ce qui s'était fait à cet égard, manquant d'une règle fixe et durable, n'avait donné que des résultats peu satisfaisants.

Au moyen âge, beaucoup d'églises offraient sur le pilier séparant les deux portes d'entrée une large coquille de pierre, en forme de bénitier ; cette coquille était destinée à recevoir les enfants abandonnés, qu'on venait y déposer furtivement aux premières heures de la nuit. On permettait aux nourrices qui allaitaient ces enfants de s'asseoir devant les portes des églises, et, leurs nourrissons entre les bras, de solliciter la charité des passants. A Paris, dans l'église Notre-Dame, on avait installé un vaste berceau, où, le dimanche, pendant les offices, les « pauvres enfants trouvés de Notre-Dame » étaient couchés, ayant auprès d'eux leurs nourrices qui recueillaient les aumônes.

En 1536, Marguerite de Valois, sœur de François Ier, ouvrit dans la rue Portefoin, près du Temple, une maison destinée à recevoir spécialement les enfants exposés au parvis Notre-Dame. On donna d'abord aux petits pensionnaires de cet asile le nom d'*enfants-Dieu*, puis, à cause de la couleur de leurs vêtements, celui d'*enfants rouges*. En 1545, le parlement disposa de l'hôpital de la Trinité, rue Saint-Denis, pour le logement de cent trente-six orphelins, qui furent appelés, de leur costume, les *enfants bleus*. Vers 1552, l'évêque de Paris fonda, pour recevoir les enfants abandonnés sur le territoire de son diocèse, la maison qui reçut le nom de *la Couche*.

Les ressources de cette maison étaient fort insuffisantes, et, à l'époque où y pénétra Vincent de Paul, elle n'avait pour tout personnel que deux servantes. Il n'est donc pas surprenant que les enfants y fussent très mal soignés. Elle ne pouvait d'ailleurs recevoir tous les enfants exposés dans Paris ou ses faubourgs, et dont le nombre, d'après les rapports du Châtelet, s'élevait à trois à quatre cents par année; lorsque toutes les places de la Couche étaient occupées, les autres enfants étaient laissés à l'abandon. En outre, il se faisait à la Couche un horrible trafic des enfants. On les vendait un franc la pièce. Des nourrices dont le nourrisson était mort, et qui avaient intérêt à le remplacer; des mendiants, qui les déformaient et les montraient ainsi déformés pour exciter la compassion; des bateleurs, qui leur disloquaient les membres pour en faire des acrobates; les chercheurs d'élixir de longue vie et les faiseurs de sortilèges, qui mêlaient à leurs drogues le sang d'un nouveau-né, tous ces misérables venaient à la Couche, où ils choisissaient, pour le prix d'un franc, l'enfant qui pouvait leur convenir[1].

[1] Presque tous ces détails sont tirés d'un canevas de discours de saint Vincent de Paul aux dames de la Charité.

On comprend quelle fut la douloureuse émotion de Vincent lorsqu'il put se rendre compte des périls auxquels étaient exposées ces innocentes créatures, et qu'il les vit manquant des soins les plus essentiels. Ne voulant pas toutefois agir d'après ses seules impressions, il demanda à quelques dames de la Charité d'aller étudier en détail ce qui se passait à la Couche, et d'en faire leur rapport. Ce rapport ne laissa aucun doute sur le déplorable état des choses. Vincent aurait voulu pouvoir retirer à l'heure même tous les enfants de cette maison ; mais, les ressources dont il disposait ne le lui permettant pas, il dut se résigner à en prendre d'abord seulement douze, et, n'ayant pas le courage de choisir entre ces pauvres petits malheureux, il chargea le sort d'en décider. Les douze enfants que le sort favorisa furent confiés à Mlle le Gras, qui les fit porter dans une maison située près de la porte Saint-Victor, où ils eurent des nourrices et des filles de la Charité pour les soigner.

A mesure que le zèle des dames, sans cesse excité par les instances de Vincent, mettait à sa disposition des ressources plus considérables, il allait à la Couche tirer au sort de nouveaux enfants, qu'il se hâtait d'envoyer à Mlle le Gras. Souvent aussi, la nuit venue, il parcourait les différents quartiers de Paris, à la recherche des enfants abandonnés. Par les plus obscures ténèbres, sous le froid de la neige, il explorait les porches des églises, les portails des hôtels, les places et les ponts. Quand il trouvait un enfant, il l'emportait sous le vaste manteau qu'il revêtait pour ces saintes expéditions, et que l'on conserve encore. Ne s'inquiétant pas de savoir quels pouvaient être les

Saint Vincent arrache un enfant des mains d'un mendiant
qui lui déformait les jambes.

parents de ces pauvres orphelins, s'ils avaient été mis au monde par des catholiques ou des protestants, par des bandits ou par d'honnêtes gens dans la détresse, il ne voyait en eux que des êtres humains à recueillir et à nourrir, des âmes à sauver. Il pratiquait ainsi sa maxime favorite, que la charité doit ouvrir les bras et fermer les yeux.

Une sorte de journal tenu par les filles de la Charité nous a conservé de touchants détails sur le dévouement de Vincent de Paul pour les enfants trouvés. En voici des extraits :

« 22 janvier. — M. Vincent est arrivé vers les onze heures du soir; il nous a apporté deux enfants : l'un peut avoir six jours, l'autre est plus âgé. Ils pleuraient, les pauvres petits! Ma sœur supérieure les a confiés à des nourrices.

« 26 janvier. — Le pauvre M. Vincent est transi de froid : il nous arrive avec un enfant; il est sevré, celui-là. C'est pitié de le voir. Il a des cheveux blonds et une marque au bras. Mon Dieu! mon Dieu! qu'il faut avoir le cœur dur pour abandonner ainsi une pauvre petite créature!

« 7 février. — L'air est bien vif. M. Vincent est venu nous visiter. Il a couru bien vite à ses petits enfants. C'est merveille d'entendre ses douces paroles. Les petites créatures l'écoutent comme un père. J'ai vu ses larmes couler : un de nos enfants est mort. « C'est un ange, s'est-il écrié; mais il est bien dur « de ne plus le voir. »

A la fin de 1639, l'œuvre des Enfants trouvés n'avait encore que 1,400 livres de revenus assurés. On continuait à recourir au sort pour désigner ceux qui seraient secourus, et l'on était toujours contraint de délaisser les autres. Vincent de Paul, ne pouvant se résigner plus longtemps à une si cruelle extrémité, convoqua, au commencement de 1640, les dames de la Charité en assemblée générale, et leur parla avec une si touchante conviction, qu'elles s'engagèrent à se charger de tous les enfants trouvés. Cet engagement allait au delà de ce que pouvaient les dames. Il leur eût été impossible de le tenir, si Vincent n'avait obtenu l'assistance de Louis XIII et d'Anne d'Autriche. En 1642, Louis XIII assurait à l'œuvre une rente de 4,000 livres, et, en 1644, Anne d'Autriche, alors régente, ajouta à cette somme une autre rente de 8,000 livres. C'était en tout 12,000 livres de revenu annuel assuré. Mais les dépenses montèrent à 40,000 livres par an, et il semblait impossible que, dans ce temps de troubles, de guerres et de misères, l'aumône parvînt à combler le vide entre les revenus et les dépenses. Les dames en furent tellement convaincues, qu'elles résolurent de renoncer à une œuvre qui leur paraissait irréalisable.

C'est alors que Vincent leur adressa le célèbre discours qui se terminait par cet éloquent cri du cœur : « Or sus, Mesdames, la compassion et la charité vous ont fait adopter ces petites créatures pour vos enfants. Vous avez été leurs mères selon la grâce, depuis que leurs mères selon la nature les ont abandonnées. Voyez maintenant si vous voulez aussi les abandonner. Cessez d'être leurs mères, pour devenir à présent leurs juges; leur vie et leur mort sont entre vos mains. Je m'en vais prendre les voix et les suffrages : il est temps de prononcer leur arrêt, et de savoir si vous ne voulez plus avoir de miséricorde pour eux. Ils vivront si vous continuez d'en prendre un charitable soin; et, au contraire, ils mourront et périront infailliblement si vous les abandonnez : l'expérience ne vous permet pas d'en douter. »

Les dames ne purent résister aux accents de cette pénétrante éloquence. Elles prirent, à l'unanimité, la résolution de continuer l'œuvre.

Anne d'Autriche concéda pour les enfants trouvés le château de Bicêtre, qui, sous Louis XIII, avait servi d'hospice aux soldats invalides. On y transporta les enfants; mais ils souffrirent de l'extrême acuité de l'air, et l'on fut obligé de les ramener dans Paris.

Les filles de la Charité, guidées par Mlle le Gras et par Vincent, prodiguaient les soins à ces enfants, qui leur donnaient le nom de *tantes*. « Telle sera la tante, leur disait Vincent, tels seront les enfants. Si la tante est bonne, ils seront bons; si elle est mauvaise, ils seront mauvais, parce qu'ils feront facilement ce qu'ils verront faire à leurs tantes. Si vous vous fâchez, ils deviendront fâcheux; si vous faites des légèretés en leur présence, ils seront sujets à la légèreté, etc. » Ces enseignements tombaient sur des âmes toutes préparées à les comprendre et à les pratiquer, et l'on peut dire que les *tantes* des enfants trouvés auraient mérité véritablement d'être nommées leurs *mères*. Elles veillaient sur eux avec une sollicitude maternelle, allaient les visiter chez leurs nourrices jusqu'au fond des campagnes les plus reculées; puis, lorsqu'ils étaient sevrés et ramenés à Paris, elles les élevaient, les instruisaient, leur apprenaient à travailler, les mettaient en état de se suffire à eux-mêmes par leur travail.

Si le zèle des filles de la Charité contribuait pour une large part au succès de l'œuvre des Enfants trouvés, c'était le zèle charitable des dames, les aumônes qu'elles faisaient ou qu'elles obtenaient qui en assuraient l'existence. Vincent de Paul avait donc bien sujet de les en féliciter. « On a remarqué, leur disait-il en 1657, que le nombre de ceux qu'on expose chaque année est quasi toujours égal, et qu'il s'en trouve environ autant que de jours dans l'an. Voyez, s'il vous plaît, quel ordre dans ce désordre, et quel grand bien vous faites, Mesdames, de prendre soin de ces petites créatures abandonnées de leurs propres mères, et de les faire élever, instruire et mettre en état de gagner leur vie et de se sauver!... Jusque-là nul n'avait ouï dire depuis cinquante ans qu'un seul enfant trouvé eût vécu; tous périssaient d'une façon ou d'autre. C'était à vous, Mesdames, que Dieu avait réservé la grâce d'en faire vivre quantité, et de les faire bien vivre. En apprenant à parler, ils apprennent à prier Dieu, et peu à peu on les occupe selon l'usage et la capacité d'un chacun. On veille sur eux pour les bien régler en leurs petites façons et corriger de bonne heure en leurs mauvaises inclinations. Ils sont heureux d'être tombés entre vos mains... »

En même temps que Vincent de Paul fondait cette belle œuvre des Enfants trouvés, les souffrances de la Lorraine venaient émouvoir son cœur, solliciter sa charité, et il parvenait à y envoyer des secours si considérables pour cette époque de troubles et de misères, qu'on serait tenté de n'y pas croire si l'on n'en avait des témoignages authentiques. La Lorraine, depuis longtemps désolée par la guerre, par les maladies contagieuses et la famine qui en avaient été la suite, se trouvait en outre dévastée par des pillards et des brigands, restes des bandes d'aventuriers enrôlés à diverses époques dans les troupes allemandes ou françaises. Un grand nombre de paysans, contraints d'abandonner leurs pauvres chaumières, allaient se réfugier au fond des bois; ceux qui n'étaient pas réduits à cette cruelle extrémité ne savaient pas plus que les autres où se procurer de quoi subsister : ils vivaient tous de l'herbe des champs. Hâves et décharnés, on les eût pris pour des squelettes. « Ils ont la peau comme du marbre basané, écrivait un missionnaire, et tellement retirée, que les dents leur paraissent toutes sèches et découvertes, et les yeux et le visage tout refrognés. » Dans les villes on n'avait pas à craindre, il est vrai, les entreprises des bandits qui dévastaient les campagnes; mais la misère y était presque aussi grande.

Que d'infortunes à secourir! Il semblait qu'on ne pût même entreprendre d'y porter remède. Vincent, qui ne faisait rien à la légère, qui n'entreprenait rien sans se rendre compte des difficultés à vaincre, résolut pourtant de secourir cette malheureuse contrée, et, lorsqu'il avait résolu d'agir, on sait que son action était aussi rapide qu'efficace. Il assembla les dames de la Charité, il leur exposa les misères affreuses de la Lorraine, et, quoiqu'il leur eût beaucoup demandé, soit pour les malades de l'Hôtel-Dieu, soit pour les enfants trouvés, il obtint encore d'elles, ou par leur entremise, de quoi venir en aide à un grand nombre de malheureux, de quoi les nourrir, les vêtir et leur procurer les remèdes dont ils avaient besoin.

Déjà dans la ville de Toul, où les prêtres de la Mission étaient établis depuis 1635, ils avaient, d'après les instructions de Vincent, exercé largement leur zèle charitable, comme le prouve le certificat suivant délivré, en 1639, par le vicaire général de Toul : « Certifions et faisons foi que les prêtres de la Mission résidant en cette ville continuent, depuis environ deux ans, avec beaucoup d'édification et de charité, d'y soulager, vêtir, nourrir et médicamenter les pauvres : premièrement, les malades, desquels il en ont retiré soixante dans leur maison, et une centaine qui sont logés dans les faubourgs; secondement, quantité d'autres pauvres honteux, réduits à une grande nécessité et réfugiés en cette ville, auxquels ils font l'aumône, et, en troisième lieu, à plusieurs pauvres soldats retournant des armées du roi, blessés et malades, qui se retirent aussi en la maison desdits prêtres de la Mission, et en l'hôpital de la Charité, où ils les font nourrir et traiter. »

A Verdun, les distributions commencèrent en 1638, et les missionnaires faisaient savoir, en 1641, à Vincent que chaque jour, depuis trois ans, ils avaient donné du pain à quatre à cinq cents pauvres, et assisté cinquante à soixante malades. A Metz, où la misère était encore plus grande, les secours furent encore plus considérables. Dans une lettre que les échevins de cette ville adressèrent à Vincent, au mois d'octobre 1640, ils lui disaient : « Monsieur, vous nous avez si étroitement obligés en subvenant, comme vous avez fait, à l'indigence et à la nécessité extrême de nos pauvres, mendiants, honteux et malades, et particulièrement des pauvres monastères des religieuses de cette ville, que nous serions des ingrats si nous demeurions plus longtemps sans vous témoigner le ressentiment que nous en avons, pouvant vous assurer que les aumônes que vous nous avez envoyées par deçà ne pouvaient être mieux départies ni employées qu'envers nos pauvres, qui sont ici en très grand nombre, et notamment à l'endroit des religieuses, qui sont destituées de tout secours humain... Ce qui nous oblige de vous supplier, comme nous faisons très humblement, Monsieur, de vouloir continuer, tant envers lesdits pauvres qu'envers les monastères de cette ville, les mêmes subventions que vous avez faites jusqu'ici. C'est un sujet de grand mérite pour ceux qui font une si bonne œuvre, et pour vous, Monsieur, qui en avez la conduite, que vous administrez avec tant de prudence et d'adresse. »

Vincent de Paul envoya aussi ses missionnaires distribuer des secours à Nancy, et, lorsque les ressources le lui permirent, à Bar-le-Duc, à Pont-à-Mousson, à Saint-Mihiel, puis à Lunéville, d'où on lui écrivait : « Depuis plusieurs années que cette pauvre ville a été affligée de peste, de guerre et de famine, qui l'ont réduite au point de l'extrémité où elle est à présent, au lieu de consolation, nous n'avons reçu que des rigueurs de la part de nos créanciers, et des cruautés du côté des soldats, qui nous ont enlevé par force le peu de pain que nous avions... Nous bénissons tant ceux qui nous soulagent de leurs charités si opportunes, que ceux qui nous les procurent et distribuent; et vous particulièrement, Monsieur, que nous croyons être, après Dieu, le principal auteur d'un si grand bien. »

La plupart des villes de la Lorraine furent donc secourues par Vincent de Paul, et il voulut en outre que les secours fussent étendus le plus loin possible dans les campagnes environnant ces villes. Ce ne fut pas tout. Ayant appris que la vertu des jeunes filles courait de grands dangers, par suite de la misère et par la brutalité des soldats, il obtint des dames de la Charité qu'elles se chargeassent de pourvoir à la subsistance et à l'établissement de toutes les jeunes Lorraines qui voudraient se réfugier à Paris. Elles y vinrent en grand nombre; de jeunes garçons orphelins ou dont les familles étaient ruinées y vinrent également. Les jeunes filles furent reçues chez Mlle le Gras, et les jeunes garçons à Saint-Lazare; on procura aux uns et aux autres du travail ou des places appropriées à leur condition. En outre, tous les Lorrains habitant Paris, qui ne gagnaient pas de quoi subsister, purent se présenter chaque jour à Saint-Lazare, où on leur faisait une distribution de vivres.

Les secours à la Lorraine se continuèrent pendant plusieurs années, et on estime à près de deux millions le total des sommes qu'y consacra Vincent de Paul, ce qui ferait six millions environ de notre monnaie actuelle. Comment parvint-il à se procurer des sommes aussi considérables, à une époque où les plus riches souffraient des malheurs du temps, où toutes les bourses paraissaient épuisées? Ce fut vraiment un miracle, réalisé par les dames, sous l'inspiration de sa parole et de son ardente charité.

Il trouva en cette occasion, comme toujours, le plus complet dévouement chez les prêtres de sa congrégation. Non seulement les missionnaires mirent un grand zèle dans la distribution des secours aux villes et aux campagnes de la Lorraine, mais il obtint d'eux qu'ils contribuassent à son œuvre charitable par leurs propres ressources et par des privations poussées jusqu'aux dernières limites. « N'est-il pas juste, disait-il, que nous retranchions quelque chose pour compatir et participer aux misères publiques? » Et, après avoir supprimé une entrée de table, il remplaça le pain blanc par du pain bis.

Les charités faites à Saint-Lazare ne se bornaient pas aux malheureux venus de la Lorraine. Chaque jour il y avait, à la porte de la maison, distribution de soupe, de pain et de viande pour de pauvres familles. Trois fois la semaine, à midi, on donnait de la soupe à tous ceux qui se présentaient, et dont le nombre montait jusqu'à six à huit cents. A partir de la fête de Noël de l'année 1641, douze pauvres, presque tous des vieillards, se succédèrent chaque jour, deux à deux, à la table de la communauté. Vincent les traitait comme des hôtes d'honneur, les plaçait à ses côtés et les faisait servir avant tout le monde.

On reste dans l'admiration et l'étonnement devant de si nombreuses et si grandes charités accomplies par une communauté à peine naissante, et l'on se demande s'il n'en résulta pas pour elles des embarras d'argent difficiles à surmonter. Elle eut, en effet, de ces embarras; mais Vincent n'en concevait point d'inquiétude. Un jour, il s'informa auprès du procureur de Saint-Lazare de ce qu'il avait en caisse; le procureur répondit qu'il n'avait plus que cinquante écus, juste ce qui était nécessaire pour nourrir le lendemain la comunauté, alors fort nombreuse. « Eh bien! lui dit Vincent, allez-moi les querir. » Il y avait des misères à soulager avec ces cinquante écus, et qu'importait le lendemain! Est-ce que la Providence n'était pas là pour y pourvoir? La Providence y pourvut.

Un des prêtres de Saint-Lazare se plaignit de la gêne imposée à la congrégation par son général. Vincent, selon lui, était trop prompt à s'enflammer, trop prompt à disposer des ressources de la compagnie pour ses œuvres de charité, et par les emportements de son zèle menait la maison à sa ruine. C'était bien mal juger Vincent, et méconnaître une de ses plus éminentes qualités, la prudence. D'autres, au contraire, et en assez grand nombre, étaient plutôt disposés à lui reprocher cette sage lenteur à résoudre et à entreprendre dont nous avons vu de fréquents exemples dans l'histoire de sa vie. Ce reproche fit le sujet d'une lettre des plus intéressantes, qu'il écrivit, le 7 décembre 1641, au supérieur de la mission d'Annecy, et dont voici des extraits :

« Vous m'objecterez, disait-il, que je suis trop long, que vous attendez quelquefois six mois une réponse qu'on peut faire en un mois, et que cependant les occasions se perdent et tout demeure. A quoi je vous réponds, Monsieur, qu'il est vrai que je suis trop longtemps à répondre et à faire les choses; mais que pourtant je n'ai jamais vu encore aucune affaire gâtée par mon retardement, mais que tout s'est fait en son temps, et avec les vues et les précautions nécessaires, et que néanmoins je me propose à l'avenir de vous faire réponse au plus tôt, après avoir reçu vos lettres et avoir considéré la chose devant Dieu, qui s'honore beaucoup du temps qu'on prend pour considérer mûrement les choses qui regardent son service. Vous vous corrigerez donc, s'il vous plaît, de votre promptitude à résoudre et à faire les choses, et je travaillerai à me corriger de ma nonchalance... Oserai-je vous dire sans rougir, Monsieur : Il n'y a remède, il faut que je le fasse? C'est que, repassant par-dessus toutes les choses principales qui se sont passées en cette compagnie, il me semble, et est très démonstratif, que si elles se fussent faites avant qu'elles l'ont été, qu'elles n'auraient pas été si bien. Je dis cela de toutes, sans en excepter pas une seule. C'est pourquoi j'ai une dévotion particulière de suivre pas à pas l'adorable providence de Dieu, et l'unique consolation que j'ai, c'est qu'il me semble que c'est Notre-Seigneur seul qui a fait incessamment les choses de cette petite compagnie. »

En 1642, Vincent de Paul convoque l'assemblée générale de la Mission, qui possédait alors dix établissements. La réunion eut lieu le 13 octobre 1642. Vers la fin de l'assemblée, il se jeta à genoux, demanda en sanglotant pardon de ses fautes, et, attribuant à son indignité tous les embarras de la compagnie, pria qu'on voulût bien accepter sa démission de général et lui nommer un successeur. Puis il quitta l'assemblée, afin que les missionnaires pussent, en son absence, délibérer plus librement. Ils furent unanimes à décider que sa démission ne serait pas acceptée, et envoyèrent quelques-uns d'entre eux lui faire part de cette résolution. Comme il refusait de revenir sur sa démission, tous se rendirent ensemble auprès de lui et le supplièrent de rester à leur tête. Le trouvant inflexible, ils lui dirent que, s'ils devaient, selon son désir, procéder à une élection, ils l'éliraient, et qu'ils le rééliraient jusqu'à la fin de sa vie. Devant une telle insistance, Vincent ne pouvait que céder; il consentit donc à rester genéral de la Mission.

CHAPITRE XII

Le jansénisme et l'abbé de Saint-Cyran. — Les solitaires de Port-Royal. — Conduite de Vincent envers les hérétiques et leurs doctrines. — Ses efforts pour préserver sa compagnie de la contagion. — Il poursuit la condamnation du jansénisme à Rome. — Dernière entrevue de Vincent avec Mme de Chantal. Vision des globes.

Jusqu'ici nous avons vu Vincent de Paul tout occupé d'œuvres de charité, soulageant toutes les misères physiques et morales; désormais le temps de l'épreuve est arrivé : il lui faudra se préserver, lui et son troupeau, d'une contagion nouvelle, l'hérésie. Voyons donc quelle fut sa conduite à l'égard des premiers et principaux chefs du jansénisme, et comment il sortit vainqueur de ce nouveau combat.

Inutile d'entrer ici dans de longues discussions théologiques, ni de faire l'histoire de toutes les hérésies qui se firent jour dans l'Église au sujet de la grâce et du libre arbitre; il suffit d'affirmer la doctrine catholique et de dire que la grâce, ce don surnaturel nécessaire à l'homme, même dans l'état primitif d'innocence, pour accomplir sa destinée et mériter le ciel, lui est devenue plus indispensable encore depuis sa chute. Cependant la volonté humaine n'a pas été anéantie par la faute primitive, l'homme conserve le sentiment de sa force et de sa liberté. Il faut donc faire à la liberté et à la grâce une juste part dans le salut de l'homme. Tous ceux qui ont voulu attribuer une part exclusive à l'un de ces deux facteurs de la destinée humaine sont tombés dans l'hérésie.

Jansénius essaya de soutenir, dans la première moitié du XVIIe siècle, vers 1640, entre autres propositions, que certains commandements de Dieu étaient impossibles aux justes, malgré les efforts de leur volonté ; que dans l'état de nature tombée on ne résiste jamais à la grâce intérieure; enfin que le Christ n'a pas versé son sang pour tous les hommes. Ces doctrines hérétiques avaient déjà été condamnées au IXe siècle; elles furent dénoncées à la cour de Rome en 1649, et condamnées de nouveau par le pape Innocent X, le 31 mai 1653. A ces propositions hérétiques vinrent se joindre, dans la discussion, certaines doctrines contestées au sujet de la fréquentation des sacrements et de différents points de morale, et la querelle s'envenima tellement, que pendant près d'un siècle le clergé de France se trouva divisé en deux camps opposés.

Le premier et l'un des principaux propagateurs des doctrines de Jansénius en France fut Jean Duvergier de Hauranne, plus connu dans l'histoire sous le nom d'abbé de Saint-Cyran. Né en 1581 à Bayonne, il vint à Paris suivre les cours de la Sorbonne, passa de là à Louvain, puis rentra à Paris, où il se renferma plu-

Port-Royal des Champs, d'après une estampe du XVIIe siècle.

sieurs années dans l'étude et dans le silence. Vers 1605, il se lie avec le trop célèbre Corneille Jansen, qui, après avoir étudié la philosophie et la théologie à Louvain, était venu continuer ses cours à Paris. Dans leurs entretiens journaliers, les deux amis se plaisaient à déclamer contre la scolastique, et à se convaincre mutuellement de la nécessité de réformer l'Église, de recourir aux sources, à l'Écriture sainte et aux Pères. Peu après, Duvergier entraîne son ami dans sa famille.

Ayant obtenu l'un et l'autre quelque bénéfice dans le diocèse de Bayonne, ils y passent cinq années dans l'intimité, étudiant les écrits de saint Augustin et jetant les fondements de leur nouvelle doctrine. En 1616, ils reviennent à Paris et se séparent : Jansénius retourne à Louvain, tandis que Duvergier accompagne à Poitiers Henri-Louis Châteignier de la Roche-Posay, qui en fait son grand-vicaire, et lui fait donner l'abbaye de Saint-Cyran, aujourd'hui au diocèse de Bourges. Ce fut à Poitiers, vers 1620, que le nouvel abbé de Saint-Cyran vit pour la première fois le fameux Arnauld d'Andilly. Arnauld le mit en rapport avec sa sœur Angélique, et l'introduisit dans Port-Royal.

Esprit inquiet, vain, présomptueux, farouche, ami du paradoxe, l'abbé de Saint-Cyran avait débuté par soutenir qu'il est quelquefois permis de sacrifier sa vie pour le roi, énumérant jusqu'à trente-quatre cas où un homme peut se tuer innocemment. Dans l'*Apologie* qu'il fit de son protecteur, l'évêque de Poitiers, il prétendit que l'usage des armes avait été permis de tout temps aux ecclésiastiques. Un peu plus tard, il se portera le champion des droits épiscopaux contre les moines, contre les jésuites surtout; il ne craindra pas d'attaquer l'indélébilité du caractère sacerdotal, en enseignant que le sacerdoce se détruit par tout péché mortel. Tel était l'homme qui allait propager en France les doctrines jansénistes.

Conformément aux recommandations de Jansénius, Saint-Cyran, à peine de retour à Paris, chercha à séduire une communauté religieuse pour en faire la dépositaire de la nouvelle doctrine. Il réussit auprès du fondateur de l'Oratoire, et ce corps lui fournit ses plus fervents disciples; il eut moins de succès auprès du P. Bourdoise et de sa petite communauté de Saint-Nicolas, et ne lui enleva que l'aimable Lancelot, le futur helléniste et mathématicien de Port-Royal. Il essaya ensuite de corrompre la société naissante de la Mission, et parvint à détourner Antoine Singlin, qui, devenu prêtre par les conseils de Vincent de Paul, avait été placé par lui à l'hôpital de la Pitié.

Il existait alors à Paris, au faubourg Saint-Jacques, une communauté de femmes connue sous le nom de Port-Royal. Réformée en 1608 par la mère Angélique Arnauld, elle était devenue tellement florissante, qu'en 1625 elle avait dû émigrer à Paris, rue Coquillière, près du Louvre. L'abbé de Saint-Cyran s'insinua dans la communauté, dont il devint bientôt le directeur. Déjà des bruits se répandaient, accusant Saint-Cyran de détourner de la communion. Il s'effaça prudemment, et, se tournant du côté des gens de lettres, songea à établir dans le monastère des Champs, abandonné par les religieuses, une sorte de petite Église à la fois mystique et savante, imbue des principes jansénistes. Telle fut, vers 1636, l'origine des solitaires de Port-Royal. Par leur vie réglée et leurs principes sévères, par leurs études et leurs ouvrages, ils attirèrent bientôt les regards. Chez eux, l'étude entretenait l'orgueil de l'hérésie, et cette hérésie, par ses principes d'anéantissement de l'homme sous l'action divine, leur semblait de l'humilité. Saint-Cyran peupla de ses sectateurs Port-Royal de Paris et Port-Royal des Champs, et, par ses condamnations et ses ouvrages, les forma à l'attaque et à la défense.

Les évêques commençaient à s'effrayer, Richelieu menaçait; c'est alors que Saint-Cyran essaya d'attirer à son parti Vincent de Paul lui-même, espérant par cette conquête se concilier la faveur générale. Il commença par lui rendre quelques services. Dans le procès avec les religieux de Saint-Victor au sujet de la cession de Saint-Lazare, l'avocat général aurait, dit-on, conclu en faveur des missionnaires, grâce aux sollicitations de l'abbé de Saint-Cyran, et entraîné ainsi le parlement. Le janséniste était, du reste, prêt à tous les sacrifices pour gagner Vincent. Astucieux et habile, il ne parla d'abord que des intérêts de l'Église et de la nécessité de ramener le clergé au zèle et à la pureté des premiers siècles. Un instant on put croire que le réformateur allait séduire et entraîner le saint; mais lorsque Saint-Cyran, se croyant déjà sûr de sa conquête, crut pouvoir exposer ses véritables doctrines, attaquer l'autorité du concile de Trente et défendre Calvin, Vincent l'arrêta aussitôt. « Monsieur, vous allez trop avant, lui dit-il; cette doctrine a été condamnée. Quoi! voulez-vous que je croie plutôt à un docteur particulier, comme vous, sujet à faillir, qu'à toute l'Église, qui est la colonne de la vérité? Elle m'enseigne une chose, et vous en soutenez une qui lui est contraire. Oh! Monsieur, comment osez-vous préférer votre jugement aux meilleures têtes du monde?... » Dès lors notre saint prêtre mit plus de réserve dans ses rapports avec l'abbé de Saint-Cyran. Toutefois, avant de briser définitivement, il voulut essayer de ramener le sectaire.

Dans plusieurs visites qu'il lui fit, Vincent de Paul entreprit de le faire revenir de ses erreurs en opposant à la science nuageuse du janséniste la lucidité de la foi catholique. A la définition incomplète et incompréhensible de l'Église donnée par l'abbé de Saint-Cyran, il opposait la définition du catéchisme. « L'Église, Monsieur, c'est la congrégation des fidèles sous la conduite de notre saint-père le pape et des pasteurs légitimes. » Dans sa foi naïve, le saint renversait ainsi d'un seul coup le système échafaudé à grand'peine par l'hérétique, qui, pour se passer du pape et des évêques, définissait l'Église « la compagnie de ceux qui servent Dieu dans la lumière et dans la profession de la vraie foi et dans l'union de la charité ». Malgré tout son zèle apostolique, Vincent ne put ramener la brebis égarée, et ne réussit, au contraire, qu'à s'attirer les injures les plus grossières du parti janséniste. Le 12 mars 1655, la mère Angélique écrira : « Monsieur Vincent décrie Port-Royal plus doucement à la vérité que les jésuites; mais, par un zèle sans science, il désire autant sa ruine que les autres par une malice toute franche. » La vie et les œuvres de notre saint prêtre répondent d'elles-mêmes à ces calomnies.

Au zèle et à la science Vincent unit jusqu'au bout

la charité. Entendant déjà parler autour de lui d'une nouvelle hérésie dont Saint-Cyran est le chef, il veut tenter un dernier effort, va trouver son ancien ami, lui montre combien les propositions qu'il soutient sont contraires à la doctrine catholique, et termine en disant : « Vous êtes perdu si vous vous engagez plus avant dans ce labyrinthe d'erreurs. Du reste, vous vous y perdrez seul, ou du moins ni ma compagnie ni moi ne vous y suivrons. »

Cette visite avait lieu vers le mois d'août 1637, et au mois de mai suivant l'abbé de Saint-Cyran était arrêté par ordre de Richelieu, et conduit au château de Vincennes. « Il est Basque, disait le cardinal de son prisonnier, et a les entrailles chaudes et ardentes par tempérament; cette ardeur excessive lui envoie à la tête des vapeurs dont se forment ces imaginations mélancoliques, qu'il prend pour des réflexions spéculatives ou pour des inspirations du Saint-Esprit. » Le cadre de cette biographie ne nous permet pas de nous étendre longuement sur ce procès. La conduite du saint prêtre en cette occasion a donné lieu à la plus vive polémique. Les jansénistes ont prétendu que, interrogé par Laubardemont et Richelieu, Vincent de Paul rendit témoignage en faveur de son ami; le père Rapin, dans son *Histoire du jansénisme*, et les premiers historiens de saint Vincent, Abelly et Collet, racontent, au contraire, que le père de Condren et M. Vincent, « les deux plus gens de bien du royaume, » se firent auprès de Richelieu les accusateurs de l'abbé de Saint-Cyran, par principe de conscience, mais refusèrent de répondre dans les formes aux juges donnés au prisonnier. On ne peut révoquer en doute sur ce point le récit d'Abelly. Du reste, la conduite de Vincent de Paul à l'égard de Saint-Cyran a été un des points les plus débattus dans le procès de sa canonisation, et un des plus victorieusement établis en son honneur. A peine eut-il reconnu l'opiniâtreté du sectaire, qu'il brisa avec lui sans aucun respect humain, découvrit et dénonça à tous le venin de la doctrine nouvelle.

Loin de revenir dans la suite sur ses premières déclarations, il ne fit que se confirmer de plus en plus dans son jugement. Les preuves abondent. En 1648, Vincent écrivit à l'abbé d'Horgny, qui paraissait incliner vers le jansénisme : « Vous êtes à excuser, parce que vous ne savez pas le fond des maximes de l'auteur de toutes ces doctrines, qui était de réduire l'Église en ses premiers usages, disant que l'Église a cessé d'être depuis ces temps-là... Saint-Cyran, continue Vincent un peu plus loin, me dit un jour que le dessein de Dieu était de ruiner l'Église présente, et que ceux qui s'employaient pour la soutenir faisaient contre son dessein; et comme je lui dis que c'étaient pour l'ordinaire les prétextes que prenaient les hérésiarques, comme Calvin, il me repartit que Calvin n'avait pas mal fait en tout ce qu'il avait entrepris, mais qu'il s'était mal défendu. »

Au commencement, Vincent de Paul n'avait vu dans les paroles de Saint-Cyran que les extravagances d'un particulier; mais, dès que le bruit commença à se faire autour des doctrines nouvelles, le trouble et la division à s'introduire dans les écoles et les communautés religieuses, il comprit toute la portée des confidences qu'il avait reçues et des efforts qui avaient été faits pour le séduire, lui et les siens. Dès lors il n'hésita pas à dénoncer l'hérésie, et à supplier le pape et les évêques d'en arrêter les progrès.

Le procès intenté à l'abbé de Saint-Cyran n'aboutit pas à une condamnation : les preuves manquaient, les doctrines attaquées ne se trouvaient pas assez nettement exposées dans les lettres et manuscrits saisis. L'abbé consentit à faire une demi-rétractation et sortit de prison au mois de février 1643, deux mois après la mort de Richelieu. Il mourut lui-même peu de temps après sa mise en liberté, en octobre 1643, laissant à ses disciples Arnauld d'Andilly, Pascal, Lancelot et autres solitaires de Port-Royal, le soin de continuer la lutte commencée, et qui allait agiter toute la fin du XVIIe siècle et le commencement du siècle suivant.

En 1640 avait paru le fameux livre de Jansénius, l'*Augustinus*, où se trouvaient exposées les doctrines hérétiques de l'auteur sur la grâce et le libre arbitre. En 1643, Arnauld d'Andilly publiait son livre *De la Fréquente Communion*, dans lequel il s'élève contre la morale prétendue relâchée des jésuites et contre l'abus des sacrements. Il demandait aux fidèles une telle préparation pour leur permettre de s'approcher de l'eucharistie, que sa doctrine ne tendait à rien moins qu'à les en éloigner à tout jamais. Il faut voir avec quelle sévérité Vincent de Paul juge cette œuvre perfide, avec quelle sollicitude il cherche à prémunir contre la religion son petit troupeau. « Il est vrai, écrit-il à d'Horgny en 1648, qu'il n'y a que trop de gens qui abusent du divin sacrement de l'eucharistie, et moi, misérable, plus que tous les hommes du monde, et je vous prie de m'aider à en demander pardon à Dieu. Mais la lecture de ce livre, au lieu d'affectionner les hommes à la fréquente communion, elle les en retire plutôt... Et pour moi, je vous avoue franchement que, si je faisais autant d'état du livre de M. Arnauld que vous en faites, non seulement je renoncerais pour toujours à la messe et à la communion par esprit d'humilité, mais même j'aurais de l'horreur du sacrement, étant véritable qu'il le représente, à l'égard de ceux qui communient avec les dispositions ordinaires que l'Église approuve, comme un piège de Satan et comme un venin qui empoisonne les âmes. Au reste, j'estime que c'est une hérésie de dire que ce soit un grand acte de vertu de vouloir différer la communion jusqu'à la mort, puisque l'Église nous commande de commnier tous les ans. C'est aussi une hérésie de préférer cette humilité prétendue à toutes sortes de bonnes œuvres, étant visible que pour le moins le martyre est beaucoup plus excellent, comme aussi de dire absolument que Dieu n'est point honoré par nos communions, et qu'il n'en reçoit que de la honte et de l'outrage. »

C'est ainsi que notre saint prêtre, ayant entrevu avec sa perspicacité ordinaire le but où tendait la théorie d'Arnauld sur la communion, il ne cessait de dénoncer et de poursuivre l'erreur. Il devançait ainsi le jugement du saint-siège, qui condamna le livre en 1685.

Au sujet des cinq propositions extraites de l'*Augustinus*, et dénoncées à la Sorbonne comme hérétiques en 1649, Vincent fut plus énergique encore. Attaché à cette époque au conseil de conscience, il n'hésita pas à conseiller aux évêques assemblés, en 1650, le recours direct au pape, afin d'éviter que le parlement ne s'arrogeât la connaissance de la question. Il écrivit même à son correspondant habituel à Rome, l'abbé d'Horgny, une véritable réfutation des opinions hérétiques de Jansénius sur la grâce et le libre arbitre. Avant de se séparer, les prélats français avaient souscrit à une lettre d'appel au saint-siège; Vincent l'envoya, avec une circulaire, aux évêques qui n'avaient pas fait partie de l'assemblée du clergé, afin d'obtenir leur signature, et de présenter ensuite cette déclaration à Rome, comme la voix unanime de l'Église gallicane.

Cette circulaire, en date de février 1651, montre la part active prise par Vincent dans cette affaire. Presque tous les prélats de France s'empressèrent de donner leur adhésion : quatre-vingt-dix-huit évêques signèrent l'appel au pape; les autres ou se turent ou écrivirent une contre-lettre; ces derniers étaient au nombre de onze seulement, encore plusieurs d'entre eux défendaient moins les opinions jansénistes qu'ils ne désapprouvaient le mode de consultation employé par leurs collègues. Lorsqu'il vit que l'affaire allait être portée devant la cour de Rome, le parti janséniste résolut de se défendre, et envoya immédiatement trois docteurs chargés d'exposer ses doctrines. De son côté, Vincent ne demeura pas inactif, et, avec le concours d'Olier, fit partir pour Rome trois docteurs orthodoxes. La lutte s'engagea solennellement devant le pape Innocent X, et se termina, le 9 juin 1653, par la condamnation formelle des cinq propositions de Jansénius dénoncées par l'épiscopat français.

Vincent de Paul écrit de Paris, le 5 juillet suivant, à l'évêque de Cahors, pour lui faire part de cette bonne nouvelle : « Monseigneur, je vous envoie une nouvelle qui vous sera fort agréable : c'est la condamnation des jansénistes, de qui les cinq propositions ont été déclarées hérétiques dès le 9 juin. La bulle en fut publiée dans Rome le même jour, et arriva en cette ville la fête de saint Pierre; et, ayant été présentée au roi et à la reine par Mgr le nonce, Leurs Majestés l'ont fort bien reçue, et Mgr le cardinal a promis de tenir la main à l'exécution. Tout Paris en a tressailli de joie, au moins ceux du bon parti, et les autres témoignent de s'y vouloir soumettre. M. Singlin, qui en est le patriarche avec M. Arnault, a dit qu'il fallait obéir au saint-siège, et M. du Hamel, curé de Saint-Merry, l'un des arcs-boutants de cette nouvelle doctrine, est dans cette disposition, et s'est offert de publier la même bulle en son église. Plusieurs des principaux d'entre eux, comme M. et Mme de Liancourt, disent qu'ils ne sont plus ce qu'ils étaient. Bref, on espère que tous acquiesceront. Ce n'est pas que quelques-uns n'aient peine d'avaler la pilule, et disent même que, quoique les sentiments de Jansénius soient condamnés, les leurs ne le sont pas; mais ceci je ne l'ai ouï dire qu'à une personne... » Les espérances de notre saint prêtre ne se réalisèrent pas, hélas! et l'infime minorité dont il parle ne tarda pas à s'augmenter de nouveaux adhérents. A l'aide d'une subtile distinction entre le *fait* et le *droit*, ils prétendirent que les cinq propositions censurées ne l'avaient pas été dans le sens où Jansénius les avait entendues. Les querelles recommencèrent en 1655, et bientôt les

Provinciales de Pascal vinrent passionner la France entière.

Pendant près d'un siècle elles occupèrent les esprits, et on peut leur attribuer en grande partie l'indifférence religieuse et le scepticisme de notre époque. Dans sa droiture et sa prudente sagesse, Vincent de Paul prévoyait ces conséquences funestes, et, tout en restant toujours ferme à l'égard des jansénistes, il traçait ainsi à ses missionnaires la conduite qu'ils avaient à tenir au milieu de ces discussions : « Faut-il, lui avait écrit l'abbé d'Horgny en 1648, que les missionnaires prêchent contre les opinions du temps? qu'ils s'en entretiennent, et le monde? qu'ils disputent, attaquent, et défendent à cor et à cri les anciennes opinions? — Ah! Jésus! nenni, avait répondu le saint prêtre. Voici comme nous en usons. Jamais nous ne disputons de ces matières, jamais nous n'en prêchons, ni jamais nous n'en parlons dans les campagnes, si l'on ne nous en parle; mais si on le fait, l'on tâche d'en parler avec le plus de retenue que l'on peut. » Mais il n'entendait pas pour cela laisser à chacun de ses missionnaires la liberté de penser ce que bon lui semblait de ces matières, et si on lui objectait que c'était les soumettre à l'opinion d'un supérieur, il répondait : « Ce n'est pas au supérieur qu'il se soumet, ains à Dieu et au sentiment des papes, des conciles, des saints; et si quelqu'un ne voulait pas déférer, il ferait bien de se retirer et la compagnie de l'en prier. »

Grâce à ces salutaires avis, la congrégation des Lazaristes ne se trouva que fort peu mêlée à ces discussions stériles, et fut préservée de la contagion de l'hérésie. Du reste, le saint fondateur n'hésita pas à chasser de la compagnie ceux qu'il vit résolus à préférer leur jugement à celui des premiers pasteurs. Il agit de même à l'égard des filles de la Charité, et invita un jour Mlle le Gras à rompre un engagement contracté pour trois de ses filles, soupçonnant qu'on voulait s'en servir pour répandre l'esprit du temps dans la petite compagnie.

Dans toute cette affaire des jansénistes, Vincent de Paul fit preuve d'une science éclairée et d'un attachement inébranlable à la véritable doctrine de l'Église, d'une prudence et d'une charité à toute épreuve envers les personnes, en même temps que d'une fermeté inébranlable contre l'hérésie.

Mais l'histoire de ces querelles nous a entraîné un peu loin ; il faut revenir un peu en arrière pour reprendre la suite chronologique des événements. Nous avons vu comment Vincent de Paul dirigeait les filles de la Visitation, de concert avec les supérieures et particulièrement avec leur fondatrice, Mme de Chantal. Après la mort de saint François de Sales, c'était surtout à Vincent que s'ouvrait Mme de Chantal ; c'était à lui qu'elle demandait conseil ; et comme Vincent était souvent éloigné de Paris, par suite des missions qu'il faisait en province, que d'autre part sainte Chantal était souvent obligée de visiter ses maisons ou de résider à Annecy, ils s'écrivaient des lettres fréquentes qui forment le recueil le plus intéressant et le plus édifiant.

En 1640, Mme de Chantal espérait voir Vincent de Paul à Annecy, où l'évêque l'appelait pour régler les affaires du séminaire diocésain ; aussi s'empressaitelle de lui écrire : « Hélas ! mon vrai et très cher père, serait-il bien possible que Dieu me fît cette grâce de vous amener dans ce pays ? Ce serait bien la plus grande consolation que je pusse recevoir en ce

Jeanne de Chantal à l'âge de vingt ans. (D'après le portrait conservé à la Visitation de Dijon.)

monde, et il m'est avis que ce serait par une spéciale miséricorde de Dieu sur mon âme, qui en serait soulagée non pareillement... »

Vincent de Paul n'ayant pu entreprendre le voyage projeté, la fondatrice de la Visitation le vint visiter l'année suivante à Paris. Elle lui confia une dernière fois ses peines intérieures, et elle trouva la paix dans les entretiens du saint prêtre, qui lui furent, pour ainsi dire, comme une dernière préparation à la mort. Cinq semaines plus tard elle mourait à Moulins, le 13 décembre 1641, âgée de soixante-neuf ans.

En apprenant la maladie de Mme de Chantal, Vincent de Paul s'était mis en prière; c'est alors qu'il eut cette fameuse vision des globes qui lui révéla la sainteté de la fondatrice de la Visitation. Un petit globe de feu lui apparut s'élevant de terre et allant rejoindre dans la région supérieure de l'air un autre globe plus grand et plus lumineux; puis ces deux globes, s'élevant ensemble, s'étaient perdus dans un troisième, infiniment plus vaste et plus éclatant. C'était l'âme de Mme de Chantal qui, réunie à celle de François de Sales, allait ainsi se perdre dans l'essence divine.

Le lendemain du jour où il apprit la mort de cette sainte femme, Vincent de Paul célébra la messe à son intention. Au moment où, arrivé au *Memento* des morts, il voulait recommander son âme à Dieu, la vision des globes lui apparut de nouveau, et il eut en même temps un vif sentiment que cette âme était bienheureuse et n'avait pas besoin de prières.

Malgré toute l'estime qu'il avait pour Mme de Chantal, il craignait encore une illusion; aussi voulut-il s'en ouvrir à l'archevêque de Paris et à un saint religieux barnabite, qui n'hésitèrent pas à voir dans cette vision une révélation divine. Dès lors il en fit part aux filles de la Visitation, et leur raconta la vision comme arrivée à une tierce personne, assurant seulement qu'elle était « digne de foi, et qu'elle aimerait mieux mourir que de mentir ».

Il en dressa m ême, dansle cours de l'année 1642, une relation qui plus tard contribua à la canonisation de sainte Chantal. C'est pourquoi, dans la cérémonie de béatification à Rome, le 21 novembre 1751, on plaça l'image de la sainte entre deux grands tableaux représentant saint François de Sales et saint Vincent de Paul. Ces deux grands saints prenaient aussi part à un triomphe qu'ils avaient si efficacement préparé.

CHAPITRE XIII

Vincent assiste Louis XIII à ses derniers moments. — Création du conseil de conscience. — Vincent en devient le chef. — Sa conduite dans ce conseil. — Services rendus par Vincent à l'Église de France. — Il sauve l'abbé Olier.

La réputation du pieux fondateur de la Mission était alors arrivée à son apogée. Le bien qu'il avait fait aux pauvres et au clergé lui avait attiré les sympathies de tous : chacun avait recours à ses conseils et à ses exhortations. Déjà nous avons vu le roi Louis XIII appeler les prêtres de la Mission pour prêcher à la cour ; lorsqu'il sentit sa fin approcher, il voulut être assisté de Vincent de Paul.

Richelieu était à peine descendu dans la tombe, le 4 décembre 1642, que le roi sentit, à sa santé de plus en plus chancelante, qu'il ne pouvait survivre longtemps à son premier ministre. Il songea dès lors à se bien préparer à la mort, et à s'entourer des consolations de la religion. Outre son confesseur ordinaire, il fit appeler les évêques de Lizieux et de Meaux, et M. Vincent. Ce dernier se rendit à Saint-Germain vers la fin d'avril 1643 ; mais il y eut à ce moment un mieux sensible dans l'état du malade, et Vincent, que ses affaires avaient rappelé à Paris, ne revint pas le lendemain. On le rappela quelque temps après, trois jours avant la mort du roi, et il ne quitta plus Louis XIII jusqu'à son dernier soupir. Mme de Motteville, dans ses *Mémoires*, nous fait assister aux derniers moments du roi très chrétien. Pendant les trois derniers jours de son existence, Louis XIII aimait à s'entretenir avec Vincent de Paul, à former des plans de gouvernement chrétien pour le cas où il reviendrait à la santé. « Oh! monsieur Vincent, disait-il alors, si Dieu me rend la santé, je ne nommerai personne à l'épiscopat qu'il n'ait passé trois ans avec vous. » Puis il demandait au saint prêtre quelle était la meilleure manière de se préparer à la mort : « Sire, répondait celui-ci, c'est d'imiter celle dont Jésus-Christ se prépara à la sienne, et de se soumettre entièrement et parfaitement, comme il fit, à la volonté du Père céleste : *Non mea voluntas, sed tua fiat!* »

A un autre moment, le pieux monarque demande à Vincent s'il doit surmonter son dégoût pour la nourriture. « Monsieur Vincent, lui dit-il, les médecins me pressent de prendre de la nourriture; j'ai refusé; car aussi bien il faut que je meure : que me conseillez-vous? — Sire, répondit Vincent, les médecins ont toujours entre eux cette maxime de faire prendre de la nourriture aux malades tant qu'il leur reste quelque souffle de vie, espérant toujours un retour de santé. Voilà pourquoi, s'il plaît à Votre Majesté, vous ferez bien d'en prendre. » Deux heures avant sa mort, le roi fit signe de la tête et des yeux à Séguin, premier médecin de la reine, de s'approcher de lui, et tendant la main, lui dit d'une voix ferme : « Séguin, tâtez mon pouls, et dites-moi, je vous prie, combien j'ai encore d'heures à vivre; mais tâtez bien, car je serai bien aise de savoir au vrai. » Le médecin, voyant sa fermeté, et ne voulant pas déguiser la vérité, lui dit froidement : « Sire, Votre Majesté peut encore avoir deux ou trois heures tout au plus. » Alors le roi, tendant du côté de Vincent son bras affaibli : « Voyez, monsieur Vincent, lui dit-il, est-ce le bras d'un roi? Vous voyez ce que c'est que des rois aussi bien que des autres hommes! » Et Louis XIII expirait peu après entre les bras de Vincent de Paul et du père Dinet, le 14 mai 1643, à l'âge de quarante-deux ans.

Après avoir adressé à la reine quelques paroles de consolation, notre saint prêtre revint à Paris ordonner des prières pour le roi défunt, et faire célébrer à Saint-Lazare un service solennel pour le repos de l'âme de Louis XIII. Dès le lendemain, encore sous le coup des émotions qu'il venait de ressentir en présence de cette mort, il écrivait à Codoing, supérieur de la Mission à Rome : « Il a plu à Dieu de disposer de notre bon roi, le jour même où il a commencé son règne, il y a trente-trois ans. Sa Majesté a désiré que j'assistasse à sa mort avec messeigneurs les évêques de Lizieux et de Meaux, son premier aumônier et le révérend père Dinet, son confesseur. Depuis que je suis sur la terre, je n'ai vu mourir personne plus chrétiennement. Il y a environ quinze jours qu'il m'a fait commander de l'aller voir, et, comme il allait mieux, je n'y suis pas retourné le jour suivant. Il m'a fait réclamer il y a trois jours, pendant lesquels

Notre-Seigneur m'a fait la grâce de rester auprès de lui. Je n'ai jamais vu une plus grande élévation à Dieu, une plus grande tranquillité, une plus grande

Saint Vincent de Paul assiste Louis XIII à son lit de mort.

crainte des moindres actions qui peuvent être péchés, une plus grande bonté ni un plus grand jugement en une personne d'un tel état. Avant-hier, les médecins, l'ayant vu endormi et les yeux tournés, craignirent qu'il n'allât expirer, et le dirent au père confesseur, qui l'éveilla tout à coup, et lui dit que les médecins estimaient que l'heure était venue, et qu'il fallait faire la recommandation de l'âme. Au même instant, l'esprit rempli de celui de Dieu, il embrasse ce bon père, et lui rend grâce de la bonne nouvelle qu'il lui donne. Tout à coup, élevant les yeux et les bras vers le ciel, il dit le *Te Deum laudamus,* et le finit avec une ferveur si grande, que le seul souvenir m'attendrit dans cet instant que je vous parle... »

Quelques jours avant de mourir, Louis XIII avait nommé la reine mère Anne d'Autriche régente du royaume pendant la minorité du nouveau roi, mais lui avait adjoint un conseil, sans l'avis duquel la reine ne pouvait rien décider. Le parlement s'empressa d'annuler les dernières dispositions du défunt et de donner à la reine une autorité sans limites. Elle en profita pour appeler au conseil le cardinal Mazarin, qui, en habile courtisan, avait su se rendre agréable. S'il faut en croire les *Mémoires de la Châtre,* Vincent de Paul ne fut pas étranger à cette élévation : il dut se repentir plus tard de ce choix.

Un des premiers actes de la nouvelle régente fut l'établissement d'un conseil ecclésiastique chargé d'examiner les qualités de ceux qui pouvaient prétendre aux bénéfices et aux dignités de l'Église. Vincent fut nommé chef de ce conseil, qui se composa, sous la présidence de la reine, de Mazarin, du chancelier Séguier, des évêques de Beauvais et de Lizieux, et de Charton, grand pénitencier de Paris.

L'humble prêtre essaya bien de décliner cet honneur; pendant plus d'un an il fut en perpétuelles instances auprès de la reine et du cardinal pour se faire relever de ses fonctions, sans pouvoir y réussir;

plus tard, le cardinal de la Rochefoucauld lui fit une obligation, au nom de Dieu et du bien de l'Église de France, de continuer à faire partie de ce conseil. Il y resta dix ans; sa vertu n'en devint que plus éclatante au milieu des honneurs. « En qualité de secrétaire d'État, nous rapporte le Tellier, j'ai été à portée d'avoir un grand commerce avec M. Vincent. Il a fait plus de bonnes œuvres en France, pour la religion et pour l'Église, que personne que j'aie connue; mais j'ai particulièrement remarqué qu'au conseil de conscience, où il était le principal agent, il ne fut jamais question ni de ses intérêts ni de ceux des maisons ecclésiastiques qu'il avait établies. » On ne saurait faire un plus bel éloge du désintéressement de notre saint prêtre. Inaccessible à toute tentative de corruption, la brigue, la cupidité, l'ambition, n'obtenaient rien de lui; aussi dut-il lutter dans bien des circonstances contre l'influence de Mazarin, qui cherchait avant tout à se faire des amis avec la feuille des bénéfices. « Le conseil de conscience, nous dit Mme de Motteville dans ses *Mémoires,* subsista tant que le ministre, voyant son autorité traversée, demeura dans quelque retenue; mais aussitôt qu'elle fut tout à fait affermie, il voulut disposer à son gré et sans aucune contradiction des bénéfices comme de tout le reste, ou que ceux à qui la reine les donnerait fussent de ses amis, sans trop se soucier qu'ils fussent bons serviteurs de Dieu, disant qu'il croyait qu'ils l'étaient tous. Ce conseil ne servit donc qu'à exclure ceux qu'elle ne voulait pas favoriser; et quelques années après il fut entièrement aboli, à cause que le père Vincent, qui en était le chef, étant un homme tout d'une pièce, qui n'avait jamais songé à gagner les bonnes grâces des gens de la cour, fut aisément tourné en ridicule, parce qu'il était presque impossible que l'humilité, la pénitence et la simplicité s'accordassent avec l'ambition, la vanité et l'intérêt qui y règnent... »

Les devoirs de sa nouvelle charge appelaient souvent M. Vincent à la cour. Il s'y rendait dans la même tenue qu'à ses missions, avec sa soutane de grosse étoffe, râpée, rapiécée. Jamais il n'en voulait changer. Si on lui en mettait une neuve, nous dit M. l'abbé Maynard, il reprenait la vieille, et, s'il ne la retrouvait plus, il tâchait d'en aviser une semblable sur le dos d'un de ses prêtres à peu près de sa taille, et opérait secrètement un échange qu'il achevait de dissimuler par quelque rajustement. Pauvre, son costume était en même temps très propre, « sans tache et sans trou, » disait-il lui-même en répondant aux compliments et aux plaisanteries qu'il lui valait. Par cette propreté, il croyait suffisamment concilier les devoirs de la bienséance avec ses habitudes de simplicité et de pauvreté.

« J'étais bien jeune, dépose au procès de canonisation le ministre le Tellier, quand je vis au Louvre le serviteur de Dieu, et je l'y ai bien vu des fois. Il y paraissait avec une modestie et une prudence pleines de dignité. Les courtisans, les prélats, les ecclésiastiques et autres personnes lui rendaient par estime de grands honneurs : il les recevait avec beaucoup d'humilité. Sorti du conseil, où il avait décidé du sort de ce qu'il y avait de plus grand dans le royaume, il était aussi commode, aussi familier avec le dernier des hommes que parmi les esclaves de Tunis ou sur le banc des forçats. Un vertueux évêque, qui ne l'avait pas vu depuis son entrée à la cour, l'ayant trouvé ensuite aussi humble, aussi disposé à rendre service qu'auparavant, ne put s'empêcher de lui dire : « Monsieur Vincent est toujours monsieur Vincent. »

Toujours préoccupé des intérêts de l'Église ou de ceux des pauvres, Vincent de Paul portait dans l'examen des affaires qui lui étaient confiées une prudence, une sagesse, une maturité toutes particulières, refusant son suffrage à ceux dont l'indignité lui était connue. Lent à se prononcer, sa résolution une fois prise, il demeurait inébranlable, sans se laisser ni séduire par les prières, ni effrayer par les menaces. Écoutons le témoignage de Fénelon : « Dans l'homme de Dieu, écrit-il en 1706, brillaient un incroyable discernement des esprits et une fermeté singulière. N'ayant égard ni à la faveur ni à la haine des grands, il ne consulta que l'intérêt de l'Église, lorsque, dans le conseil de conscience, il disait son avis sur le choix des évêques. Si les autres conseillers de la reine eussent adhéré plus constamment à cet homme, à qui l'avenir semblait dévoilé, on eût écarté bien loin de la charge épiscopale certains hommes qui ensuite ont excité de grands troubles. »

Toutefois la présence de notre saint prêtre au conseil de conscience fit disparaître maint abus. Il empêchait de tout son pouvoir les bénéfices ecclésiastiques de tomber à la nomination royale, ce qui donnait un libre cours à l'intrigue et à l'ambition. S'il ne pouvait les soustraire à la nomination du roi, il tâchait du moins de les faire dignement occuper. Souvent le roi accordait des pensions sur les bénéfices ; Vincent de Paul s'efforçait de les réduire autant que possible. Souvent encore les titulaires se contentaient de percevoir les revenus de leurs bénéfices, et négligeaient de pourvoir aux charges, laissant tomber en ruines les églises et les bâtiments affectés au culte ; Vincent de Paul obtint de les faire contraindre, par la saisie du temporel, à l'entretien et aux réparations nécessaires.

Malgré les anathèmes des papes et des conciles, la simonie renaissait toujours : sollicitations, promesses de pensions, tout était mis en usage pour arriver aux prélatures; Vincent poursuivit ce vice infâme par tous les moyens. Il ne consentait pas davantage à user de son influence pour obtenir quelques biens pour sa congrégation. Un jour un magistrat de grand crédit sollicitait l'appui du saint prêtre, promettant en retour de le faire rentrer dans tous les droits et revenus dont on avait privé Saint-Lazare. « Pour tous les biens de la terre, répondit-il, je ne ferai jamais rien contre Dieu ni contre ma conscience. La compagnie ne périra point par la pauvreté; c'est par manque de pauvreté plutôt qu'il est à craindre qu'elle ne vienne à périr. »

Souvent les conseils de M. Vincent suffisaient pour détourner les solliciteurs de leurs prétentions, les faire rentrer en eux-mêmes et les mettre dans une meilleure route. Ayant un jour résisté aux sollicitations du secrétaire d'État Chavigny et de son épouse, qui désiraient faire pourvoir d'une bonne abbaye leur second fils encore en bas âge, Chavigny vint trouver le serviteur de Dieu quelques jours après, et lui dit : « Je ne vous en veux pas de votre résistance, au contraire; si vous aviez consenti aux désirs de ma femme, vous m'auriez scandalisé; je vous aurais tenu à mépris, et j'aurais refusé le brevet de nomination. »

Son zèle apostolique, son désintéressement et son intégrité ne lui attiraient pas toujours semblables compliments. Les grandes dames de la cour ne lui pardonnaient pas volontiers de repousser leurs sollicitations : « Vraiment, Monsieur, lui répondit l'une d'elles, on se peut passer de vous, et on voit bien que vous ne savez pas encore de quelle façon il faut agir avec les femmes de ma qualité! » Le serviteur de Dieu n'opposait que le silence à ces outrages. L'abbé Maury, dans son panégyrique de saint Vincent de Paul, raconte que, l'évêché de Poitiers étant vacant, une dame de la reine, duchesse d'un grand nom, le demanda pour son fils à la régente, lui disant que le revenu du siège était peu considérable, mais que c'était un établissement de convenance pour sa famille. Anne d'Autriche le lui promit, et la chargea d'avertir Vincent qu'elle l'attendait le lendemain pour signer la nomination. La duchesse se rend aussitôt à Saint-Lazare transmettre les ordres de la reine. En vain le fondateur de la Mission sollicite quelques instants d'entretien, la duchesse feint d'être très pressée et s'esquive aussitôt.

Le lendemain, M. Vincent se présente devant la reine, un rouleau de papier à la main. « Ah! lui dit la reine, c'est la nomination à l'évêché de Poitiers que vous m'apportez à signer? » Le papier était blanc. « Comment! s'écria la régente étonnée, n'avez-vous pas rédigé la nomination? — Pardonnez-moi, Madame, répond modestement le saint, si Votre Majesté est déterminée à ce choix, je la prie d'écrire elle-même sa volonté, à laquelle je ne puis en conscience prendre aucune part. » Avec respect et modération il démontre à la reine qu'elle s'est laissé surprendre, qu'elle a été indignement trompée, et que l'abbé dont on lui a proposé de faire un évêque passe sa vie dans les cabarets. Anne d'Autriche, effrayée, s'empresse de retirer la parole qu'elle avait donnée, mais à la condition que Vincent ira trouver la duchesse, lui raconter sa conversation avec la reine, et lui ôter la pensée non seulement de se plaindre, mais de parler jamais de ce qui s'était passé.

Trop heureux d'avoir ainsi sauvé l'honneur de l'épiscopat, Vincent se met en devoir de remplir sa mission, et se rend chez la duchesse. Laissant dans l'antichambre le frère qui l'accompagne, il pénètre au salon, où il est reçu avec une grande joie. « Vous venez de chez la reine? lui demande la duchesse. — Oui, Madame, je quitte à l'instant Sa Majesté, et je viens par son ordre vous soumettre quelques observations que je n'ai pas eu le bonheur de pouvoir vous faire entendre hier. » Puis il raconte son entrevue avec la régente, et adjure la duchesse de se désister de la demande qu'elle a faite. Celle-ci, ne pouvant plus contenir sa colère, se lève, accable Vincent d'outrages, et, saisissant un tabouret, le lui lance à la tête. Vincent est presque renversé du coup; le sang coule en abondance de la blessure qu'il vient de recevoir au front; il se retire sans se plaindre, couvrant de son mouchoir son visage ensanglanté. Mais le frère a tout entendu : il veut venger son père, et s'élance vers l'appartement. Vincent l'arrête : « Vous n'avez rien à faire là, mon frère; c'est par ici : allons-nous-en. » Et il l'entraîne. « N'est-ce pas une chose admirable, ajoute-t-il en sortant, de voir jusqu'où va la tendresse d'une mère pour son fils! » Avant de rentrer à Saint-Lazare, il fit promettre au frère de ne dévoiler à personne la cause de la blessure qu'il venait de recevoir, et de laisser croire qu'elle venait d'une chute.

C'est ainsi que saint Vincent de Paul rendait à l'Église de France les plus grands services, en écartant des prélatures les sujets indignes; et même lorsqu'il fut évincé du conseil il put encore, grâce à la confiance de la reine, diriger les nominations épiscopales. Du reste, dès que sa conscience lui permettait de le faire, il mettait à la disposition du clergé sa personne, ses prêtres et son crédit. Un grand nombre d'évêques s'adressaient à lui. Il les consolait dans leurs peines, les félicitait dans leurs joies, recommandait les intérêts de leurs diocèses aux grands de la cour, au cardinal, à la reine elle-même, s'entremettait entre les évêques et le clergé pour rétablir la paix. Mais il le faisait avec une prudence, une discrétion, une délicatesse, qui lui attiraient la sympathie de tous.

Il rendait les mêmes services aux ordres religieux. Nous le trouvons, en 1637, aidant le commandeur de Sillery dans la réforme des maisons et des terres de l'ordre de Malte; au conseil de conscience, il prête un concours efficace au cardinal de la Rochefoucauld pour les réformes dont celui-ci avait été chargé par le saint-siège. C'est ainsi qu'il contribua à la réforme des ordres de Saint-Antoine et de Saint-Bernard, de Saint-Benoît et de la congrégation de Saint-Maur. Dès 1640, il était le conseil et le guide de Charles Frémont, le futur réformateur de l'ordre de Grandmont. Lorsque ce dernier eut obtenu les prieurés d'Époisses en Bourgogne, de Lodève en Languedoc, de Thiers en Auvergne, pour y introduire sa réforme, Vincent de Paul, alors chef du conseil de conscience, convoqua à Saint-Lazare une assemblée de tous les supérieurs de l'ordre de Grandmont pour l'entendre à ce sujet.

Notre saint étendait aussi son zèle et son affection à toutes les congrégations religieuses, recommandant à ses prêtres et à ses filles de la Charité de les entourer de toute leur estime et de leur respect. Mais il avait une prédilection particulière pour les prêtres de Saint-Sulpice; il ne perdait aucune occasion de leur être utile. En 1642, il avait réussi à faire conférer à l'abbé Olier la cure de Saint-Sulpice. Or le temps de l'épreuve ne tarda pas à venir. L'ancien curé intenta un procès à son successeur, et gagna à sa cause une foule de laquais et de valets furieux des réformes introduites dans la paroisse par l'abbé Olier. Bientôt le faubourg Saint-Germain se trouve divisé en deux camps; une émeute éclate le 8 juin 1645; le presbytère est envahi, et le nouveau curé chargé d'injures et traîné par les rues. A la nouvelle de ce tumulte, Vincent s'empresse d'accourir pour défendre la vie de son ami au péril de la sienne; aussitôt la fureur de la populace de se détourner sur lui. Sans respect pour son âge, son caractère, sa vertu, on l'accable d'injures, on va même jusqu'à le frapper, et Vincent se contente de répondre : « Frappez hardiment Saint-Lazare, et épargnez Saint-Sulpice. » Profitant, en effet, de l'intervention de Vincent, les amis d'Olier entraînent leur nouveau curé, et le mettent en sûreté au palais du Luxembourg.

L'affaire n'en resta pas là; le procès fut porté devant le conseil d'État. Là encore Vincent défendit la cause d'Olier et de ses prêtres avec plus de chaleur qu'il n'eût fait des intérêts de sa propre congrégation. Le titre de missionnaires que prenaient les sulpiciens permettait de considérer Vincent comme leur supérieur; il se garda bien de faire cesser la confusion, afin de les mieux défendre. Lorsque la cause fut gagnée et la vérité connue, on s'étonna qu'il se fût ainsi compromis pour des étrangers. « Je n'ai fait que mon devoir, répondit-il simplement; tout chrétien devait agir de la sorte en suivant les maximes de l'Évangile. »

CHAPITRE XIV

Politique de Vincent. — Commencement de la guerre de la Fronde. — Vincent essaye de s'interposer entre Paris et la cour. — Son entrevue avec la reine et avec Mazarin. — Il ne peut rentrer à Paris et entreprend la visite des maisons de la compagnie. — Il tombe malade à Richelieu. — Le carrosse de M. Vincent.

Malgré toute l'influence et tout le crédit qu'il pouvait avoir, Vincent de Paul avait pour principe de s'occuper le moins possible de politique. Consulté par un de ses missionnaires, qui avait eu avec l'ambassadeur de France à Rome un long entretien au sujet de Mazarin, il ne craint pas de lui tracer d'une main ferme la ligne de conduite à suivre en pareille occurrence : « Que vous dirai-je de l'entretien que vous avez eu avec M. l'ambassadeur, touchant le prélat italien duquel vous me parliez, sinon que nous avons pour règle et sommes en cette pratique exacte, par la miséricorde de Dieu, de ne nous jamais mêler des affaires d'État, non pas même d'en parler? et cela : 1° pour ce que ce qui est au-dessus de nous ne nous concerne en rien; 2° pour ce que ce n'est pas le fait de pauvres prêtres comme nous de nous mêler des choses qui ne regardent pas notre vocation;

3° que les affaires des princes sont des mystères que nous devons respecter et non pas éplucher; 4° que la plupart du monde offense Dieu de porter jugement sur les choses que font les autres, notamment les grands, ne sachant pas les raisons pour lesquelles ils font ce qu'ils font; car qui ignore les principes de quelque chose, quelles conclusions en peut-il tirer?... Pour toutes ces raisons et une infinité d'autres, je vous supplie, Monsieur, de vous conserver dans notre petite pratique, qui est de ne jamais s'entretenir, moins de s'entremêler, ni de parole ni par écrit, des affaires des princes... »

Cette lettre était du commencement de l'année 1640. L'année suivante, Mazarin était nommé cardinal; en 1642, il entrait au conseil; à la mort de Louis XIII, il prenait place au conseil de régence et devenait peu à peu tout-puissant. Ce n'était pas sur le terrain purement politique que Vincent allait d'abord se rencontrer avec lui, mais sur le terrain religieux, au conseil de conscience. Nous venons de voir quelle sage conduite il sut tenir en cette occasion. Ayant éprouvé de la part des évêques de Beauvais et de Lisieux, et surtout de celle de Vincent, une vive opposition, Mazarin les comblait d'égards, leur laissant la décision des petites choses, afin de se réserver les plus importantes. Le conseil ne se montrait pas toujours docile.

Dans sa politique extérieure, Mazarin continuait la lutte commencée par Richelieu contre la maison d'Autriche, appelant à son aide toutes les forces protestantes de l'Europe; le clergé de France réclamait la paix au nom du pays épuisé et de la religion menacée. Il se forma bientôt contre le premier ministre un parti puissant, dans lequel entrèrent les évêques de Beauvais, de Metz, de Limoges, de Lisieux, et qu'on appela le *parti des saints*. Par Vincent de Paul, ils faisaient parvenir à la régente toutes les plaintes et les réclamations du clergé. Celui-ci conseilla un jour à la reine de consulter le père de Gondi, qui vint, en effet, trouver Anne d'Autriche, et lui reprocher de se laisser conduire par Mazarin.

Ce dernier se défendit habilement; il fit disgracier l'un après l'autre, éloigner de la cour, reléguer dans leurs terres ou dans leurs diocèses, tous ceux qui étaient entrés dans ce parti. Ne pouvant agir de la même façon à l'égard de Vincent, il tourna la difficulté, suspendit pour quelque temps les séances du conseil de conscience, ne le rassembla plus que rarement, et finit par s'en passer. Heureusement pour l'Église de France, la pieuse Anne d'Autriche continua de consulter secrètement le saint prêtre, qui put ainsi diriger les nominations épiscopales.

Le premier ministre et l'humble prêtre de la Mission devaient se rencontrer bientôt sur un autre terrain. Par ses mesures financières, Mazarin souleva contre lui l'opinion publique; les cours souveraines prirent en main la défense des intérêts du pays. Pour couper court à cette opposition, le ministre crut pouvoir faire arrêter en plein jour trois des membres les plus compromis du parlement : Charton, Blancmesnil et Broussel. Aussitôt l'émeute éclate dans les rues de Paris, le 26 août 1648, demandant la mise en liberté des prisonniers. Cette journée, tristement célèbre sous le nom de *journée des Barricades,* donnait le signal d'une guerre civile qui allait durer près de cinq ans. Nous n'avons pas à raconter ici les diverses péripéties de cette guerre, qui emprunta son nom à un jeu d'enfants, *la Fronde ;* nous devons nous borner à bien caractériser le rôle tenu par Vincent de Paul dans ces tristes discordes, rôle, hâtons-nous de le dire, tout de paix et de conciliation.

Le 6 janvier 1649, la régente s'était retirée avec la cour et les troupes royales à Saint-Germain-en-Laye, d'où elle comptait affamer Paris, resté au pouvoir du parlement et des bourgeois. La misère ne tarda pas à se faire sentir dans la capitale. Le saint fondateur de la Mission, qui, sans approuver la révolte, trouvait légitimes certains griefs du peuple et des grands, résolut de s'interposer entre la cour et Paris. N'écoutant que sa charité, il quitte la capitale le 14 janvier, sans avoir communiqué son dessein à personne, et se dirige vers Saint-Germain. Son secrétaire, frère du Courneau, qui l'accompagnait dans ce voyage, nous en a laissé la relation. Vincent de Paul et son secrétaire, tous deux à cheval, arrivent avant le jour à Clichy. Les habitants étaient sous les armes, prêts à repousser une nouvelle attaque des cavaliers allemands, qui les avaient pillés la veille : au trot des deux chevaux ils crient alerte, et chargent leurs armes. « Je trémoussai de peur, avoue du Corneau; mais je pensai au même moment que Dieu ne permettrait pas que des paysans maltraitassent un homme qui avait consacré à leur service sa vie, sa congrégation et ses biens, et qui avait tant de zèle et de tendresse pour les pauvres gens. » L'ancien curé de Clichy est, en effet, reconnu ; tous s'empressent autour de M. Vincent, lui offrent leurs services, et lui indiquent la route à suivre pour éviter les pillards qui battent la campagne.

Un peu plus loin, à Neuilly, un nouveau danger attendait nos voyageurs; les eaux de la Seine couvrent le pont et menacent de l'emporter; ils le franchissent cependant et arrivent dès le soir à Saint-Germain. Aussitôt le saint prêtre obtient de la reine une entrevue, dans laquelle il essaye de la dissuader de faire le siège de Paris. « Est-il juste, Madame, lui dit-il, de faire mourir de faim un million d'innocents pour punir vingt ou trente coupables? Songez aux malheurs qui vont fondre sur votre peuple, à la ruine, aux sacrilèges, aux profanations que la guerre civile entraîne après elle! Et tout cela, pourquoi? Pour garder auprès de vous un étranger, objet de la haine publique. Mais si la présence de monsieur le cardinal est la source des troubles de l'État, n'êtes-vous pas obligée de la sacrifier, au moins pour un temps? » Anne d'Autriche ne se laissa pas toucher, et Vincent se repentit aussitôt du mouvement de vivacité auquel il s'était laissé emporter. « Jamais, disait-il quelques jours plus tard, jamais discours qui sentît la rudesse ne m'a réussi, et j'ai toujours remarqué que pour ébranler l'esprit il ne faut pas aigrir le cœur. » Toutefois il ne se laissa pas décourager, et tenta une nouvelle démarche auprès de Mazarin. Il lui parla avec une telle franchise, que le cardinal parut touché. « Monseigneur, lui disait-il en terminant, cédez au temps et jetez-vous à la mer pour calmer l'orage. — Voilà une semonce bien vive, répliqua Mazarin, et personne ne m'a encore osé tenir un tel langage.

Néanmoins, mon père, je m'en irai si M. le Tellier est de votre avis. » Le Tellier, qui devait sa fortune politique au cardinal, se garda bien d'être de l'avis de Vincent; Mazarin resta à la cour, et la guerre civile continua.

Pendant ce temps, Vincent de Paul passait à Paris pour un royaliste et un partisan de Mazarin. Le 7 janvier, un conseiller au parlement venait réclamer les clefs de Saint-Lazare, faisait mettre au pillage les greniers de la communauté, et installait dans le couvent huit cents soldats, qui se dédommagèrent sur les provisions des missionnaires des échecs que leur faisait subir l'armée royale.

La congrégation n'avait pas moins à souffrir dans ses possessions situées aux environs de Paris. Les troupes royales avaient pillé la ferme d'Orsigny, près de Versailles; les rentes n'étaient plus payées; le supérieur de la Mission se vit obligé de ne laisser à Saint-Lazare et aux Bons-Enfants que sept ou huit prêtres, dix-huit ou dix-neuf écoliers et quelques frères, et de disperser les autres dans les divers établissements de la compagnie, au Mans et ailleurs.

Quant à Vincent, qui n'avait pu rentrer à Paris, il errait de village en village et de ferme en ferme, mal logé, mal vêtu malgré les rigueurs de l'hiver, ne mangeant que du pain de seigle. De Saint-Germain il s'était rendu à Villepreux, chez le révérend père de Gondi; de Villepreux il se dirigea vers Étampes, au hameau de Fréneville, où la Mission possédait une ferme qui donna asile aux quelques têtes de bétail échappées au pillage d'Orsigny. Arrêté par le froid et les neiges, notre saint prêtre employait son temps à évangéliser les villages voisins, et en particulier la paroisse de Val-de-Puiseaux, et à venir en aide aux victimes de la guerre.

Il se mit ensuite en route pour visiter les principales maisons de la compagnie. Le 2 mars, il arrivait au Mans, et séjournait quinze jours dans cette ville. S'il faut en croire une tradition locale, l'église cathédrale du Mans posséderait une chaire du haut de laquelle saint Vincent de Paul aurait annoncé la parole de Dieu.

Une fois ses affaires terminées au Mans, M. Vincent se dirigeait sur Angers, lorsque, arrivé à une demi-lieue de Durtal, il faillit être victime d'un accident. Son cheval s'abattit au milieu de la rivière, au gué Poram, et Vincent se serait noyé sans le prompt secours du prêtre qui l'accompagnait. Il remonta à cheval tout mouillé, et alla se sécher comme il put dans une pauvre chaumière du voisinage. Le soir, on le retrouve installé dans une hôtellerie, réunissant autour de lui les serviteurs de la maison et les enfants du village, et leur faisant le catéchisme. C'est ainsi qu'il ne perdait jamais de vue le service de Dieu et des pauvres.

Vincent de Paul ne passa que cinq jours à Angers, où les filles de la Charité possédaient déjà un établissement considérable; il employa ce temps à fortifier les servantes des pauvres dans les vertus de leur état, puis continua son chemin vers la Bretagne. Pour ne pas perdre de temps en visites inutiles, l'humble missionnaire voulait passer *incognito* à Rennes, comme il était passé à Angers; mais il fut reconnu en entrant dans la ville. Suspect en qualité de conseiller de la régente, il dut aller voir les personnages les plus considérables de la ville, et les assurer que son voyage n'avait aucun but politique; ce qui n'empêcha pas un gentilhomme de le menacer d'un coup de pistolet dans la tête, tellement les esprits étaient excités par les discordes civiles. Le théologal de Saint-Brieuc voulut l'accompagner jusqu'à Saint-Méen, où Vincent passa quinze jours, partagé entre les affaires de sa maison et son saint ministère.

De Saint-Méen, Vincent de Paul s'arrêta à Nantes, et de là à Luçon. Il se proposait d'aller ensuite à Saintes, de parcourir la Guyenne, de pousser jusqu'à Marseille, et d'achever ainsi la visite des maisons de la compagnie, lorsqu'il reçut de la part de la reine l'invitation de rentrer à Paris. La guerre civile paraissait sur le point de finir; le grand Condé, fidèle jusque-là à son roi, venait de battre à Charenton l'armée des frondeurs; des négociations étaient entamées à Rueil, et la cour allait rentrer dans la capitale.

Vincent se mit aussitôt en devoir de répondre à l'appel d'Anne d'Autriche; mais, épuisé par les fatigues d'un aussi long voyage, il tomba malade à Richelieu. A la nouvelle de cette maladie, les prêtres de Saint-Lazare s'empressent de faire partir l'infirmier de la communauté, qui, connaissant le tempérament de M. Vincent, savait mieux que personne la manière de le soigner. Notre saint se montra presque affligé de ce déplacement : « Ma vieille carcasse, dit-il à l'infirmier, ne méritait pas que vous fissiez un aussi long voyage. » Craignant toutefois que l'infirmier ne vît un reproche dans ces paroles, il ne tarda pas à lui en demander pardon.

Cependant la duchesse d'Aiguillon, informée de l'état du saint prêtre, s'empresse de lui envoyer de Paris un petit carrosse et un cocher. Ce carrosse avait déjà son histoire. Quelques années auparavant, les dames de Charité, voyant les infirmités de leur directeur, et craignant qu'il ne lui arrivât quelque accident dans ses courses à travers Paris, lui avaient fait construire une voiture aussi simple que possible, afin qu'elle n'effrayât pas l'humilité du saint. Malgré toutes les instances qui lui avaient été faites, il n'avait jamais voulu s'en servir, et elle vieillissait sous la remise. C'était ce même carrosse que lui envoyait la duchesse d'Aiguillon, après l'avoir fait réparer. N'ayant pas d'autre moyen de transport, Vincent se vit obligé d'accepter, et ce fut dans ce carrosse qu'il rentra à Paris, au mois de juin 1649.

A peine de retour, il s'empresse de renvoyer le carrosse à la duchesse, qui à son tour le renvoie à Saint-Lazare. « Ayez donc égard, écrivait-elle en même temps, au besoin que vous en avez. Avec toutes nos dames, je vous conjure d'en faire usage. — Non, Madame, répondit le saint prêtre ; quand l'enflure et la faiblesse de mes jambes, qui, il est vrai, augmentent tous les jours, ne me permettront plus d'aller ni à pied ni à cheval, je suis résolu de demeurer plutôt le reste de ma vie à Saint-Lazare que de me faire traîner, moi pauvre paysan, dans un carrosse. » Il ne fallut rien moins que l'intervention de la reine et de l'archevêque de Paris pour faire cesser ce combat entre la générosité et l'humilité. L'humble prêtre dut se résigner, à sa grande confusion, à aller désormais en carrosse. Il craignait toujours d'être un sujet de

Vue intérieure de l'hôpital Saint-Jean à Angers, premier établissement des filles de la Charité en province.

scandale pour ses confrères. Il écrivait un jour à un prêtre qu'il cherchait à détourner de l'usage du cheval: « Je vois bien que vous me pouvez dire : « Médecin, « guéris-toi toi-même, » pour ce qu'autrefois je me suis servi d'un cheval, et que maintenant je me sers d'un carrosse. Cela est vrai, à ma grande confusion; mais il est vrai que la nécessité m'y a contraint; et toutefois, Monsieur, si vous me conseillez d'en user autrement, je le ferai. »

Le carrosse de M. Vincent ne tarda pas à être connu dans tout Paris. C'était la voiture publique par excellence, au service de tout le monde et des pauvres en particulier. Si Vincent rencontrait quelque pauvre sur sa route, à Paris ou à la campagne, il le faisait aussitôt monter près de lui. Tantôt il reconduisait quelque malheureux infirme à son domicile; tantôt c'était un malade qu'il accompagnait à l'hôpital. On pourrait multiplier les exemples de cette charité inépuisable. Un jour, dans le faubourg Saint-Denis, il aperçoit une pauvre femme couchée par terre; Vincent descend de voiture, s'approche, et, reconnaissant l'impossibilité où elle se trouve de marcher, il la fait placer dans son carrosse et donne ordre de se diriger vers l'Hôtel-Dieu, quoique ses affaires l'appellent d'un autre côté.

Indépendamment de ces œuvres de charité, ce fameux carrosse de M. Vincent lui permit, pendant les dix dernières années de sa vie, d'entreprendre et d'achever les affaires les plus importantes.

CHAPITRE XV

Fin des guerres de la Fronde. — Triste état de la France à cette époque. — Secours envoyés aux provinces par saint Vincent. — Missions étrangères entreprises par les prêtres de Saint-Lazare. — Constitution définitive de la Compagnie. — Règles données par saint Vincent.

La paix ne devait pas être de longue durée; Vincent était à peine de retour à Paris depuis quelques mois, que la guerre civile menaçait de nouveau.

Le 18 août 1649, Condé, à la tête des troupes royales, avait ramené à Paris la cour et Mazarin. Fier de ses succès, il fatigua la reine et son ministre de ses exigences continuelles; si bien que cinq mois plus tard, le 18 janvier 1650, il était arrêté au Louvre, avec son frère le prince de Conti et son beau-frère le duc de Longueville, et emprisonné à Vincennes. La princesse de Condé court aussitôt soulever la Guyenne et plusieurs provinces du Midi. Les Espagnols entrent en Picardie, tandis que Turenne envahit la Champagne. La guerre civile éclate sur plusieurs points à la fois. Bien plus, les princes mécontents entraînent avec eux le parlement de Paris, qui vote des remontrances au roi pour la mise en liberté des princes et l'éloignement du cardinal. Cette fois Mazarin se voit obligé de céder à l'orage, et se retire à Cologne, après avoir délivré ses prisonniers (13 février 1651).

Du fond de son exil, le cardinal n'en continue pas moins de diriger le gouvernement, et empêche la régente de céder aux exigences de plus en plus exorbitantes de Condé. Ce dernier s'allie aux Espagnols, et essaye de nouveau de soulever les provinces, tandis que Mazarin rentre en France en décembre 1651. L'armée royale, commandée par le maréchal d'Hocquincourt et par Turenne, qui depuis peu a fait sa paix avec la régente, entre en campagne. Battue à Bléneau, elle ne peut empêcher le prince de Condé de rentrer à Paris. Là il déclare au parlement et à l'hôtel de ville qu'il n'a pris les armes que pour l'éloignement de Mazarin. Des négociations sont entamées et échouent. Les deux armées, celle du roi et celle des princes, continuent de piller et de se battre autour de Paris. Enfin, le 2 juillet, se livre la bataille du faubourg Saint-Antoine, pendant laquelle Mlle de Montpensier, fille du duc d'Orléans, prenant fait et cause pour le prince de Condé, fait tirer contre les troupes royales le canon de la Bastille.

Au milieu de ces discordes intestines, Vincent de Paul se voyait réduit à prier et à pleurer sur les maux du peuple et du pays; il s'offrait comme victime expiatoire à la justice divine, et conjurait le Seigneur de détourner sur lui tous les coups de sa colère. Malgré la proximité des armées belligérantes, la communauté de Saint-Lazare échappa presque miraculeusement au pillage. « Je ne vous dis rien de nos troubles présents, écrit, le 5 juillet, Vincent à un de ses missionnaires en Pologne, sinon que lundi soir nous fûmes investis tout à coup d'une armée; mais elle ne fit que passer le long des murailles de notre clos, sans s'y arrêter qu'une partie de la nuit. Elle était poursuivie de l'armée du roi, qui l'éloigna de nous, et toutes deux nous ont fait plus de peur que de mal. Le séminaire de Saint-Charles eût été pillé sans deux hommes envoyés de Dieu, qui, après avoir fait rendre le butin que huit soldats y avaient pris, les mirent dehors et empêchèrent l'entrée à d'autres. Ces deux hommes nous étaient inconnus, comme nous à eux, et pour cela je dis que Dieu nous les a envoyés pour défendre cette maison fort à propos; c'est ce qu'ils firent par compassion, ainsi qu'ils nous l'ont dit. Ils s'en allèrent le lendemain trouver M. le duc de Bouillon (Turenne), leur maître, à Saint-Denis, où la cour est depuis huit ou dix jours. Et comme le malheur du temps s'échauffe notablement, on nous a conseillé d'avoir céans quelques hommes armés. Et, en effet, nous les avons eus cette nuit, à dessein de les garder, afin qu'ils nous gardent, avec la grâce de Dieu, pendant le fâcheux orage où nous sommes. Et moi-même j'ai veillé avec eux, et, chaque nuit, six ou sept personnes de la compagnie et autant de domestiques veillent tant à Saint-Charles que dans le clos et autour de Saint-Lazare, d'où nous avons ôté ce que nous avons pu de meubles. Je vous donne à penser quelle est notre affliction et celle en laquelle Paris va tomber, si Dieu n'en a pitié. Il est à craindre qu'il se détruise de lui-même. »

Après la bataille du faubourg Saint-Antoine les négociations recommencèrent. Vincent de Paul fut l'interprète, le messager des deux partis, allant continuellement de la cour au palais des princes, portant de l'un à l'autre les demandes ou les concessions, donnant aux deux partis des conseils pleins de sagesse et de modération. Quelques lettres relatives à ces négociations nous sont heureusement parvenues, et nous montrent la part active que Vincent de Paul dut prendre à la conclusion de la paix. Le cardinal Mazarin, obligé de céder une seconde fois à l'orage, se dirigea de nouveau vers la frontière, le 19 août. Rien ne s'opposait plus désormais à la rentrée du roi dans sa capitale; en effet, il y rentra au milieu d'universelles acclamations, le 21 octobre suivant.

Pendant toute la durée de cette guerre néfaste, notre saint prêtre n'avait cessé de gémir et de prier, de prêcher à tous ceux qui l'entouraient, à ses missionnaires, aux filles de la Charité, la nécessité de faire pénitence, de s'humilier et de souffrir.

On se fait difficilement aujourd'hui une idée de l'excès de la misère publique où les troubles civils avaient réduit la France entière à cette époque. « La maison royale est divisée par les dissensions, écrit Vincent de Paul le 16 août 1652; les peuples sont partagés en diverses factions; les villes et les provinces, affligées par les guerres civiles; les villages, les bourgades, les cités, renversés, ruinés, brûlés; les laboureurs ne moissonnent pas ce qu'ils ont semé, et n'ensemencent pas pour les années suivantes; tout est en proie aux soldats; les peuples sont exposés de leur part, non seulement aux rapines et aux brigandages, mais encore aux meurtres et à toutes sortes de tortures; la plupart des habitants des campagnes, s'ils échappent au glaive, succombent à la faim. Les prêtres eux-mêmes n'échappent pas à leurs mains, et sont par eux inhumainement et cruellement traités, torturés, mis à mort... Les temples sont profanés, pillés, renversés; et ceux qui sont restés debout sont abandonnés la plupart de leurs pasteurs, et ainsi les peuples sont privés et presque entièrement dépourvus de messes, de sacrements et de tout secours spirituel. Et, ce qui fait frémir à penser, bien plus à dire, le très auguste sacrement du corps du Seigneur est traité avec la dernière indignité, et même par les catholiques; car, pour s'emparer des pyxides sacrées, ils répandent à terre et foulent aux pieds la très sainte Eucharistie. »

Il ne pouvait suffire au zèle et à la charité de Vincent de déplorer les malheurs de son pays. Après s'être employé si utilement à obtenir la fin de la guerre civile, le saint prêtre allait s'appliquer à en cicatriser les plaies. Les missionnaires de Saint-Lazare, déjà répandus sur tous les points de la France, faisaient parvenir à leur saint directeur les détails les plus navrants sur l'état des provinces. Ils avaient vu des hommes manger la terre, brouter l'herbe, dévorer l'écorce des arbres, mourir de faim et de misère. C'était l'œuvre de la Lorraine à recommencer. Cette nouvelle tâche n'effraya pas le zèle de Vincent de Paul. Il n'hésite pas à faire un nouvel appel à ses dames de Charité. Toutes les chaires de Paris retentissent des cris de détresse de la Champagne et de la Picardie, qui servaient depuis tant d'années de champ de bataille aux armées. Les secours sont bientôt organisés; les prêtres de la Mission partent distribuer les aumônes recueillies; la régente leur accorde un sauf-

Le 18 janvier 1650, le prince de Condé était arrêté au Louvre.

conduit, et proclame ainsi leur supérieur le grand *aumônier* de la France.

A mesure que les secours arrivent, Vincent de Paul prépare de nouveaux envois. Il publie les relations émouvantes que lui adressent ses missionnaires et leur expédie des instructions pour le soulagement des pauvres, dans lesquelles il entre dans les moindres détails, et indique même la recette de potages économiques destinés aux malheureux.

Les provinces de l'Est et du Nord n'étaient pas les seules à souffrir des ravages de la guerre. De nouvelles réclamations sont adressées à la charité publique en faveur des provinces du Centre et de l'Ouest : du Berry, de la Beauce, du Gâtinais, du Perche, du Maine, de l'Anjou, de la Guyenne, etc., etc. C'est encore Vincent de Paul et les dames de Charité de son assemblée qui sont chargés de recueillir, de centraliser et d'expédier les offrandes. Saint-Lazare est comme le grenier d'abondance de la France, les malheureux sont toujours assurés d'y trouver du pain et des consolations. Paris et ses faubourgs ne ressentent pas moins les effets de l'immense charité de Vincent que les provinces les plus abandonnées.

Du reste, depuis longtemps déjà, les limites mêmes de la France n'avaient point arrêté son zèle apostolique. Le saint fondateur de la Mission n'avait pas songé d'abord à étendre au delà de la France l'effet des prédications de sa compagnie; mais la Providence en avait décidé autrement. Dès les premiers temps de l'établissement à Saint-Lazare, les affaires de la congrégation naissante avaient obligé Vincent à envoyer à Rome quelques-uns de ses prêtres. Le soir, ces négociateurs devenaient missionnaires, et s'en allaient évangéliser les pâtres de la campagne romaine. Ce fut là le commencement des missions étrangères; elles se propagèrent bientôt des provinces voisines de Rome jusqu'aux extrémités de l'Italie. Le pape Urbain VIII, témoin des heureux effets de ces prédications, permit à Vincent d'établir ses prêtres dans la capitale du monde chrétien. De Rome ils passèrent à Gênes, et de là en Corse. En Italie comme en France, Vincent de Paul était l'âme de toutes les missions qui se faisaient par ses ordres. De la maison de Saint-Lazare il dirigeait ses envoyés avec une activité et une sagesse merveilleuses, et leur communiquait son zèle. « Qu'heureuse, oh! qu'heureuse est la condition d'un missionnaire, leur disait-il, qui n'a point d'autres bornes de ses missions et de ses travaux pour Jésus-Christ que toute la terre habitable! Pourquoi donc nous restreindre à un point et nous prescrire des limites, puisque Dieu nous a donné une telle étendue pour exercer notre zèle? »

Depuis sa captivité à Tunis, Vincent se rappelait sans cesse qu'il existait en Barbarie des milliers de chrétiens retenus dans les chaînes, et que la rigueur des mauvais traitements exposait à l'apostasie. A côté des religieux de la Merci et de la Rédemption, qui venaient racheter des esclaves et repartaient, il y avait une autre œuvre à fonder pour le soulagement des malheureux qui restaient dans les fers. Pendant près de quarante ans, Vincent ne put que prier pour eux; mais, en 1645, deux de ses missionnaires, Louis Guérin et le frère François Francillon, abordaient à Tunis. Deux ans plus tard, un autre frère de la Mission, Jean le Vacher, allait rejoindre les deux premiers sur la terre infidèle. C'était ce même le Vacher qui, devenu plus tard consul et vicaire apostolique à Tunis, devait expier de sa vie, à la bouche d'un canon, le bombardement d'Alger par Duquesne en 1683. Depuis lors, Vincent envoya plusieurs autres missionnaires sur les côtes barbaresques, fit bâtir à Alger un hôpital pour les malades, et pendant les quinze dernières années de sa vie consacra plus d'un million de livres au rachat des captifs : il en délivra ainsi près de douze cents; mais qui pourrait compter le nombre de ceux que ses prêtres consolèrent et assistèrent!

Après l'Afrique, l'Irlande, où le pape Innocent X prie Vincent de Paul d'envoyer quelques-uns de ses missionnaires en 1646; après l'Irlande, les îles Hébrides, puis la Pologne. La jeune reine de ce royaume, Marie-Louise de Gonzague, ayant vu de près en France les œuvres de Vincent, s'était empressée de lui demander des prêtres de Saint-Lazare. Tous les fléaux, la guerre, la peste et la famine, étaient venus fondre à la fois sur le malheureux peuple de Varsovie. Quatre missionnaires partirent bientôt suivis des filles de la Charité; plusieurs périrent victimes de leur dévouement.

Trois années auparavant, en 1648, deux autres prêtres de la Mission, Nacquart et Gondrée, abordaient dans l'île de Madagascar pour évangéliser et conquérir au christianisme et à la France les populations à demi sauvages de ces contrées. Toutes ces entreprises ne suffisaient pas encore au zèle de Vincent, qui, sur l'ordre de Rome, avait conçu le projet de fonder de nouvelles missions en Asie, à Babylone, en Perse, dans les Indes orientales. Il avait même jeté les yeux sur l'Amérique et jusque sur la Chine.

On est étonné du développement si rapide d'une congrégation qui venait, pour ainsi dire, de naître, et qui, à vrai dire, n'avait pas encore reçu sa constitution définitive. En effet, le pape Urbain VIII, par sa bulle de 1632, avait laissé les prêtres de la Mission à l'état de clercs séculiers : ils ne se liaient que par le vœu simple de stabilité, s'engageant à travailler toute leur vie aux œuvres de leur institut; mais c'était là un vœu simple, dont on pouvait facilement se dégager en obtenant une dispense de l'Ordinaire, c'est-à-dire de l'autorité diocésaine. Il fallait, pour assurer l'existence de la compagnie dans l'avenir, lui donner des règles fixes, assujettir ses membres à des liens plus étroits d'obéissance envers leur supérieur. Dans la seconde congrégation générale, tenue le 1er juillet 1651, il fut décidé, entre autres règlements, qu'on mettrait la dernière main à la constitution de la compagnie, et que ses membres devraient prononcer des vœux, dont le souverain pontife pourrait seul les dispenser dans la suite.

Le pape Alexandre VII confirma cette constitution par le bref du 22 septembre 1655. Personne ne pouvait être admis dans la compagnie qu'après deux ans de séminaire interne, au bout desquels les missionnaires devaient prononcer des vœux simples, dont le pape avait seul le pouvoir de les dispenser. Les établissements de la Mission étaient déclarés exempts de l'ordinaire pour l'administration intérieure, mais soumis à la juridiction des évêques pour tout ce qui concerne les missions diocésaines. Les missionnaires ne formaient point, à proprement parler, un nouvel ordre religieux ; ils gardaient la propriété de leurs biens et leurs noms de famille, prenaient le titre de *monsieur* et non celui de *père,* et continuaient de porter l'habit des prêtres séculiers. Le 25 janvier suivant, les prêtres de Saint-Lazare renouvelèrent solennellement leurs vœux, et la compagnie fut ainsi assurée d'une longue existence.

Jusqu'alors Vincent de Paul n'avait pas donné de règle aux prêtres qui s'étaient placés sous sa direction ; ses leçons, ses exemples suffisaient ; mais il avait quatre-vingt-deux ans, il était nécessaire de leur laisser par écrit ses dernières recommandations. Le 17 mai 1658, il distribua à sa communauté les règles et constitutions qu'elle devait suivre à l'avenir. Elles étaient le résultat de l'expérience du saint prêtre, qui, pendant sa longue carrière, avait déjà vu disparaître plusieurs générations. « Messieurs et mes frères, disait-il en cette occasion, toutes ces règles et tout le reste que vous voyez dans la congrégation, s'est fait je ne sais comment. Car je n'y avais jamais pensé, et tout cela s'est introduit peu à peu sans qu'on puisse dire qui en est la cause. Or c'est une règle de saint Augustin, que quand on ne peut trouver la cause d'une chose bonne, il la faut rapporter à Dieu, et reconnaître qu'il en est le principe et l'auteur. » Dès lors, et presque jusqu'à la veille de sa mort, il employa toutes ses conférences des vendredis à expliquer la lettre et l'esprit de ses règles. Rien de plus touchant que ces derniers entretiens d'un père, le plus vénérable de tous, avec ses enfants. Comment résister au désir d'en citer quelques fragments? Après avoir expliqué le premier chapitre de ses règles, la fin de l'institut, son personnel, ses moyens de perfection, il termine ainsi : « Je m'en irai bientôt. Mon âge, mes infirmités et les abominations de ma vie ne permettent pas que Dieu me souffre davantage sur la terre. Il pourra donc arriver après ma mort des esprits de contradiction et des personnes lâches qui diront : « A « quel propos s'embarrasser du soin des hôpitaux? « Quel moyen d'assister tant de gens ruinés par les « guerres, et de les aller trouver chez eux? Pourquoi « diriger des filles qui servent les malades, et pour- « quoi perdre notre temps après des insensés? » Et d'autres diront que c'est trop entreprendre que d'envoyer aux pays éloignés, aux Indes, en Barbarie. « Nous voulons bien faire mission en ce pays-ci, sans « aller plus loin, mais des vieillards du Saint-Nom- « de-Jésus, mais des gens enfermés, qu'on ne m'en « parle point. » Messieurs et mes frères, avant que je vous quitte, je vous en avertis dans l'esprit que Moïse avertissait les enfants d'Israël : « Je m'en vas, vous « ne me verrez plus; j'ai connu que plusieurs d'entre « vous s'élèveront pour séduire les autres; ils feront « ce que je vous défends, et ne feront pas ce que je « vous commande de la part de Dieu. » — « Après « mon départ, disait aussi saint Paul, viendront les « loups ravisseurs. » Si cela arrivait, dites : « Laissez- « nous dans les lois de nos pères, en l'état où nous « sommes. Dieu nous y a mis, et veut que nous y « demeurions. » Tenez ferme. » Tel était le ton de ces entretiens familiers et les vertus que Vincent ne cessait de prêcher à ses disciples : l'humilité, la fermeté, la charité pour tous. Parmi les œuvres qu'il recommandait ainsi à ses continuateurs, il en est quelques-unes dont nous n'avons pas encore entretenu nos lecteurs; c'est qu'en effet elles datent seule-

Le pape Alexandre VII, d'après un portrait du temps.

ment des dernières années du saint prêtre. Chez lui, l'âge n'avait pu refroidir l'amour du prochain. Malgré ses infirmités, c'était toujours à lui que les âmes charitables avaient recours lorsqu'il s'agissait d'une bonne œuvre à créer : il était, comme nous l'avons dit, le génie même de la charité.

CHAPITRE XVI

Fondation de l'hospice du Nom-de-Jésus au faubourg Saint-Martin. — La mendicité à Paris au XVIIe siècle. — Édit d'avril 1656. — Fondation de l'hôpital général. — Opinion de Vincent sur l'extinction de la mendicité. — Secours aux malades et aux pèlerins indigents d'Alise-Sainte-Reine.

Il manquait encore à la gloire de Vincent de Paul de s'être occupé de la vieillesse. La Providence vint lui fournir l'occasion de réaliser les pieux desseins qu'il avait formés à ce sujet.

Au commencement de l'année 1653, un notable habitant de Paris, désirant contribuer pour sa part au soulagement des pauvres, remit à Vincent de Paul une somme de 100,000 livres. Il lui en laissait la libre disposition, mais exigeait avant tout que son nom demeurât inconnu. Aussitôt Vincent de confier au pieux donateur un projet qu'il avait longtemps caressé. « Nous voyons tous les jours, lui dit-il, nombre de pauvres artisans qui, ne pouvant plus, par infirmité ou par vieillesse, gagner leur vie, sont réduits à la mendicité. En cet état, uniquement attentifs aux moyens de vivre, ils négligent ordinairement leur salut. En leur ouvrant un lieu de retraite, on pourrait à la fois soigner leur corps et leur âme, double charité qui serait infiniment agréable à Dieu. »

Le projet fut aussitôt adopté. Dès le 29 octobre de la même année, 10,000 livres étaient consacrées à l'achat d'une maison dite du *Nom-de-Jésus*, et sise au faubourg Saint-Martin : cette maison allait bientôt offrir asile à quarante pauvres de l'un et de l'autre sexe. 20,000 livres étaient réservées pour les constructions nouvelles qui pourraient devenir nécessaires. 10,000 livres étaient en outre affectées à l'acquisition du mobilier et aux premiers frais d'installation. Enfin le surplus de la somme donnée était abandonné à la communauté de Saint-Lazare, qui s'engageait à servir à perpétuité une rente annuelle de 3,000 livres, pour la nourriture et l'entretien des pauvres vieillards. La direction de l'établissement devait appartenir de droit à Vincent, et après lui au supérieur général de la Mission, assisté de deux bourgeois.

Avant même que le contrat fût homologué par l'archevêque de Paris, et confirmé par lettres patentes du roi, quarante pauvres des deux sexes étaient installés dans leur nouvelle demeure, dans deux corps de bâtiments distincts. Vincent leur donna un de ses prêtres et des filles de la Charité pour les assister et les instruire, se réservant de venir souvent lui-même les édifier par sa parole. L'hospice du *Nom-de-Jésus* était fondé.

Pour éviter l'oisiveté, on occupait ces pauvres vieillards à quelque travail selon la force et l'industrie de chacun. La nouvelle maison devint un atelier chrétien, une communauté religieuse, plutôt qu'un hôpital. Loin d'être un objet d'aversion pour les pauvres, ils briguaient en foule l'honneur d'y être admis. L'hospice fondé par saint Vincent de Paul existe encore de nos jours, transformé, il est vrai, sous le nom d'*Hospice des Incurables;* et l'on peut considérer également l'œuvre des Petites Sœurs des pauvres comme une renaissance de l'œuvre de Vincent.

Le nouvel établissement du Nom-de-Jésus fit bientôt l'admiration de tout Paris; on venait le visiter et en admirer la sage économie. Le spectacle de ces quarante vieillards vivant dans l'union la plus parfaite, obéissant avec joie à la cloche qui les appelait soit au travail, soit à la prière, méritait d'être admiré, et était de nature à amener une autre fondation, dont Paris ressentait depuis longtemps déjà le besoin.

Il existait à cette époque, dans les rues de la capitale, une multitude désordonnée de mendiants, dont le nombre était estimé à quarante mille environ. Ils formaient le cinquième de la population, vivaient de vols ou de rapines, ou essayaient d'attirer la compassion publique par leurs infirmités réelles ou simulées. Le soir, rentrés dans leurs repaires, appelé *la cour des Miracles,* ils se livraient à des orgies épouvantables. Paris ne comptait pas moins de onze cours des Miracles, où ni sergents, ni huissiers, ni commissaires de police, ne pouvaient pénétrer sans danger. Tous les moyens employés jusque-là pour arrêter le mal avaient été impuissants. En 1602, on avait rasé la tête à tous les mendiants; en 1606, on leur avait interdit la mendicité; en 1612, on avait essayé de les enfermer. Le parlement multipliait ses arrêts; le nombre des mendiants ne faisait qu'augmenter. De tout ce qui avait été essayé avant 1653 pour recueillir les mendiants il ne restait guère que la maison de la Pitié, insuffisante et ne fonctionnant que d'une manière imparfaite.

L'hospice du Nom-de-Jésus attira l'attention des dames de Charité de Paris, qui songeaient depuis longtemps à fonder une œuvre analogue pour les mendiants de la capitale. Elles ne doutaient point que Vincent de Paul, avec son amour pour les pauvres et les instruments dont il disposait, les prêtres de la Mission et les filles de la Charité, ne réussît dans une entreprise où plusieurs avaient déjà succombé. Toutefois, avant d'en parler au saint prêtre, elles voulurent l'avis de Mlle le Gras, et lui communiquèrent leur projet de réunir, loger et occuper dans un vaste local tous les mendiants qui pullulaient dans les rues de Paris. « Si cette œuvre, leur répondit Mlle le Gras au mois d'août 1653, est regardée comme politique, il semble que les hommes la doivent entreprendre; mais si elle est considérée comme une œuvre de charité, les femmes la peuvent entreprendre en la manière qu'elles ont entrepris les autres grands et pénibles exercices de charité que Dieu a approuvés par la bénédiction qu'il y a donnée. Que ce soient elles seules, il semble que cela ne se peut ni ne se doit. Mais il serait à désirer que quelques hommes de piété, soit de quelque corps de compagnie, ou des particuliers, leur fussent adjoints, tant pour le conseil que pour agir dans les procédures ou actions de justice qu'il conviendra peut-être de faire pour maintenir toutes ces sortes de gens dans leur devoir, à cause de la diversité des esprits, des mœurs et des humeurs. » L'œuvre, en effet, pouvait être envisagée au double point de vue de la police et de la charité. Cependant les dames n'hésitèrent pas à faire part de leur projet à Vincent de Paul. Effrayé des difficultés de l'entreprise, Vincent demanda quelque temps pour réfléchir et prier. Mais les dames de Charité revinrent à la charge. « L'argent ne manque pas, dirent-elles à Vincent; depuis huit jours nous avons vu quantité de personnes de condition, toutes prêtes à entrer pour beaucoup dans une si bonne œuvre. » Le saint prêtre se laissa facilement entraîner, et l'on convint de commencer immédiatement.

Dès la même année 1653, Vincent obtenait du roi la maison et les terrains de la Salpêtrière, vaste enclos situé aux portes de Paris, sur les bords de la Bièvre, où l'on fabriquait le salpêtre. « Nous voilà un logement, dirent alors les dames; nous avons déjà quelques fonds, du linge, des ustensiles, et le reste viendra certainement en son temps : pourquoi donc différer davantage? Invitons les pauvres à venir de bon gré; et s'ils refusent, amenons-les de force. N'est-ce pas leur bien que nous voulons? » Vincent modéra cette ardeur; son caractère répugnait à employer les moyens violents. « Les ouvrages de Dieu, disait-il, se font peu à peu; ils ont leurs commencements et leurs progrès... Il n'est pas expédient de vouloir tout faire à la fois et tout à coup, ni de penser que tout sera perdu si un chacun ne s'empresse avec nous pour coopérer à un peu de bonne volonté que nous avons. Que faut-il donc faire? Aller doucement, beaucoup prier Dieu, et agir de concert. Selon mon sentiment, il ne faut faire d'abord qu'un essai, et prendre cent ou deux cents pauvres, et encore seulement ceux qui viendront de leur bon gré, sans en contraindre aucun. Ceux-là, étant bien traités et bien contents, donneront de l'attrait aux autres; et ainsi on augmentera le nombre à proportion que la Providence enverra des fonds. On est assuré de ne rien gâter en agissant de la sorte; et, au contraire, la précipitation et la contrainte dont on userait pourraient être un empêchement aux desseins de Dieu. Si l'œuvre est de lui, elle réussira et subsistera; mais si elle est seulement de l'industrie humaine, elle n'ira pas trop bien ni beaucoup loin. »

C'est ainsi que Vincent de Paul entendait procéder avec une sage lenteur à la fondation de l'hôpital général. Du reste les obstacles ne tardèrent pas à surgir. Le parlement, regardant le projet comme chimérique, et craignant l'émotion que pourrait produire parmi la population vagabonde de Paris l'idée de la renfermer, refusa d'enregistrer les lettres patentes portant donation de la Salpêtrière. Les fondateurs ne se laissèrent pas décourager. Ils gagnèrent à leur cause le premier président du parlement, qui, non content de leur promettre son appui, fit à l'œuvre une donation de 20,000 écus. Malheureusement Pomponne de Bellièvre mourut, le 13 mars 1656, laissant à son successeur Lamoignon l'honneur de terminer cette affaire. Reprenant l'œuvre de ses prédécesseurs, Louis XIV, ou plutôt son conseil, fit paraître, en avril 1656, un arrêt célèbre décidant que tous les mendiants de Paris, valides ou invalides, seraient renfermés dans les asiles de la Salpêtrière, de la grande et de la petite Pitié, de Bicêtre et autres dépendances.

A la tête de l'administration de ces établissements, confiée à la magistrature, au barreau et à la municipalité, étaient placés le premier président et le procureur général du parlement. La direction spirituelle en était confiée aux prêtres de la Mission, et le directeur de la compagnie devait prendre place au bureau des directeurs toutes les fois qu'il s'agirait de modifier ou d'appliquer les règlements.

Vincent de Paul s'empressa de remettre aux nouveaux directeurs la maison de la Salpêtrière et le château de Bicêtre, qui lui avait été donné pour les enfants trouvés. Les nouvelles constructions marchèrent avec rapidité, et l'hôpital général put être ouvert dès le mois de mars 1657. Un arrêt du parlement enjoignit alors à tous les pauvres désireux d'entrer dans le nouvel asile de se trouver, du 7 au 13 mai, dans la cour de la Pitié, pour être répartis entre les différentes divisions de l'hôpital général; les autres devaient y être conduits de force, et à tous défense était faite de mendier à l'avenir. Cinq mille mendiants à peine furent exacts au rendez-vous; les autres se cachèrent dans Paris ou s'enfuirent en province; et un rimeur du temps put dire à bon droit :

On n'a jamais vu dans Paris
Tant de gens si soudain guéris.

Le mal toutefois était loin d'avoir disparu; les mendiants ne tardèrent pas à se montrer de nouveau dans les rues de la capitale; on les vit même prendre les armes à plusieurs reprises, en 1659, contre les officiers de police et les archers de l'hôpital général. Mais, si le but ne fut pas complètement atteint, la capitale n'en fut pas moins soulagée. En cinq années, plus de soixante mille pauvres trouvèrent à l'hôpital général de la nourriture, des vêtements, des médicaments; aussi les principales villes du royaume s'empressèrent-elles d'imiter l'exemple de Paris.

A Vincent de Paul appartient la première idée de cette création; à lui l'honneur d'avoir levé les principales difficultés, d'avoir fourni l'emplacement nécessaire et les premiers meubles, d'avoir formé cette assemblée de dames dont le zèle renversa tant d'obstacles. Mais le dessein de Vincent était d'agir avec lenteur, d'attirer les pauvres au lieu de les forcer; aussi, quand l'œuvre commença à fonctionner, ne paraît-il y avoir contribué qu'en lui procurant des secours, refusant d'y prendre une part directe.

Ce qui répugnait surtout au charitable prêtre, c'était d'un côté la violence employée contre le pauvre, de l'autre la résolution où l'on était de n'ouvrir l'hôpital qu'aux pauvres de Paris, et de refouler dans les provinces les pauvres de la campagne. « Que deviendront ces pauvres gens? disait-il. Faire un hôpital général, y enfermer seulement les pauvres de Paris et laisser là ceux des champs, c'est ce que je ne puis goûter. Paris est l'éponge de toute la France, et qui attire la plus grande partie de l'or et de l'argent. Et si ces pauvres gens n'y ont point d'entrée, encore un coup que deviendront-ils, et particulièrement ces pauvres gens de Champagne et de Picardie, et des autres provinces ruinées par la guerre? » Il voulait avant tout que cette œuvre fût une œuvre charitable, et qu'il ne s'y mêlât aucune idée de police administrative : autant que personne il désirait l'extinction de la mendicité;

toutes les œuvres fondées par lui, toutes ses confréries poursuivaient ce même but; mais il considérait le secours à domicile comme plus efficace et plus chrétien, et il n'entendait pas qu'on usât de violence à l'égard des pauvres.

Lorsque parut l'édit de 1657, qui interdisait la mendicité, Vincent dut supprimer les distributions qu'il faisait faire chaque jour à la porte de Saint-Lazare. On peut s'imaginer aisément tout ce que son cœur charitable eut à souffrir en cette circonstance; aussi le voyons-nous suivre plutôt l'esprit que la lettre de l'édit, et distribuer des secours en nature à un grand nombre de familles pauvres.

Toutes ces considérations le firent hésiter à engager sa communauté plus avant dans cette affaire. « Le roi et le parlement, écrivait-il au mois de mars 1657, sans m'en faire parler, ont destiné les prêtres de notre congrégation et les filles de la Charité pour le service des pauvres, sous le bon plaisir de Mgr l'archevêque de Paris. Nous ne sommes pourtant pas encore résolus de nous engager à ces emplois pour ne pas reconnaître si le bon Dieu le veut; mais, si nous les entreprenons, ce ne sera d'abord que pour essayer. »

En effet, les prêtres de Saint-Lazare se virent obligés de décliner l'honneur qu'on voulait leur faire; mais Vincent, pour ne pas arrêter l'essor de la nouvelle œuvre, pria Louis Abelly, l'un des meilleurs ecclésiastiques de sa conférence, d'accepter la direction spirituelle de l'hôpital général. Celui-ci y consentit, et s'adjoignit quelques autres prêtres zélés formés à la même école.

Après tant et de si considérables fondations, on

pourrait croire que Vincent va prendre un repos justement mérité ; il n'en est rien cependant. Jusqu'au bord de la tombe, dans une vieillesse avancée, le saint prêtre ne cessera de s'occuper de ses semblables, cherchant quel genre de misère a échappé à sa sollicitude, quelle œuvre de miséricorde il n'a pas encore accomplie. Nous l'avons vu venant en aide aux pauvres mendiants, aux vieillards hors d'état de gagner leur vie ; envoyant des secours aux captifs, évangélisant les infidèles, adoptant les enfants abandonnés, ouvrant la maison de Saint-Lazare aux laïques et aux prêtres désireux de s'occuper de leur salut ; il nous reste encore à voir Vincent secourir les pauvres pèlerins. Aucune œuvre charitable ne devait se fonder à cette époque sans l'appui et les conseils du saint prêtre.

De tous les points de la Bourgogne et des pays environnants on se rendait aux eaux thermales d'Alise, ville célèbre par la victoire de Jules César sur les Gaulois, en l'an 51 avant notre ère. Dans cette petite ville se trouvait également le tombeau de sainte Reine, qui attirait de tous côtés les pèlerins et les malades. Un bourgeois de Paris, nommé des Noyers, s'y rendit avec son épouse, vers 1658, et fut frappé de l'état d'abandon et de misère où se trouvaient réduits les pèlerins indigents. Les deux époux résolurent dès lors de se dévouer au service de ces malheureux ; de concert avec quelques personnes charitables, ils commencèrent cette bonne œuvre ; mais il fallait une vaste maison pour loger la foule des pèlerins et des malades qui se présentaient ; les ressources étaient insuffisantes.

Des Noyers et plusieurs de ses compagnons furent envoyés vers l'intendant de la Providence, Vincent de Paul, pour lui demander conseil et appui. Vincent les encourage dans leur pieuse entreprise, et leur conseille de consulter Dieu dans une retraite spirituelle. Après avoir prié de son côté et conféré de nouveau avec eux, le saint prêtre n'hésite pas à leur déclarer que leur projet vient de Dieu, et qu'ils doivent se mettre à l'œuvre sans retard. De retour à Alise au mois de mai 1659, les pieux fondateurs reçoivent les pauvres pèlerins dans une grange qui leur avait servi jusqu'alors de retraite, et l'année suivante un nouvel hôpital était bâti. Vincent de Paul lui obtint de nombreux privilèges, et lui procura la protection d'Anne d'Autriche ; il fit si bien, en un mot, que l'hôpital d'Alise-Sainte-Reine, commencé avec 10,000 livres, put bientôt porter sa dépense à 100,000. Notre saint ne se contenta pas de lui venir en aide par ses conseils et ses aumônes : ne pouvant y aller lui-même, il lui donna des filles de la Charité. Dès lors on reçut chaque année, outre trois à quatre cents malades, plus de vingt mille pauvres pèlerins, qui y trouvaient pendant neuf jours une hospitalité généreuse.

Cet hôpital existe encore aujourd'hui, et les baigneurs indigents continuent d'y être reçus. Ainsi toutes les œuvres auxquelles Vincent mit la main ont eu ce caractère de perpétuité qui prouve à quel point elles étaient utiles, et en même temps avec quelle prudente sagesse elles ont été fondées.

CHAPITRE XVII

Portrait de saint Vincent de Paul au physique et au moral. — Ses qualités intellectuelles. — Ses vertus. — Ruse employée pour obtenir la reproduction de ses traits. — Emploi des journées de Vincent depuis son entrée à Saint-Lazare jusqu'à sa mort.

Vincent de Paul va bientôt toucher au terme de sa longue carrière; avant de raconter les derniers instants de sa vie, essayons d'esquisser son portrait physique et moral.

Chez lui, l'âge n'a affaibli aucune des facultés intellectuelles et morales; le corps seul est infirme et malade. Malgré ses quatre-vingts ans, il menait de front toutes les grandes entreprises dont nous venons de parler, sans que l'une fît tort à l'autre. Esprit pénétrant, étendu, propre à tout embrasser, il avait pardessus tout le génie du bon sens, cette qualité maîtresse qui suppose dans l'âme l'équilibre de toutes les facultés : perception, jugement, force, patience. C'est ce bon sens, dont Vincent fit preuve en toute occasion, dans ses paroles, ses opinions, ses entreprises, qui le tint toujours éloigné des doctrines extrêmes, des innovations en matière politique et religieuse. « L'esprit humain est prompt et remuant, disait-il. Les esprits les plus vifs et les plus éclairés ne sont pas toujours les meilleurs, s'ils ne sont pas les plus retenus. On marche sûrement quand on ne s'écarte pas du chemin par où le gros des sages a passé. » Toujours droit et franc, sa parole était l'expression exacte de sa pensée; mais il savait se taire avec prudence, écouter sans interrompre. S'il parlait lentement, son exposition était si claire, ses raisonnements si justes et si pressants, qu'il entraînait aussitôt son auditoire. Il savait du reste mieux que personne se mettre à la portée de celui ou de ceux qui l'écoutaient. Mieux que personne il démêlait le vrai du faux, le bon du mauvais. C'est là ce qui rendait sa direction si sûre, ses conseils si précieux, son action si féconde en heureux résultats.

Mais si Vincent, une fois son parti pris, marchait résolument au but à atteindre, il était lent à se résoudre et à entreprendre : il ne faisait pas difficulté de reconnaître lui-même cette lenteur. « Vous m'objecterez que je suis trop long, écrivait-il à Cadoing, supérieur de la maison d'Annecy, que vous attendez quelquefois six mois une réponse qu'on peut faire en un mois, et que cependant les occasions se perdent et tout demeure. A quoi je vous réponds, Monsieur, qu'il est vrai que je suis trop longtemps à répondre et à faire les choses; mais que pourtant je n'ai jamais vu encore aucune affaire gâtée par mon retardement, mais que tout s'est fait en son temps et avec les précautions nécessaires, et que néanmoins je me propose à l'avenir de vous faire réponse au plus tôt, après avoir reçu vos lettres et avoir considéré la chose devant Dieu, qui s'honore beaucoup du temps qu'on prend pour considérer mûrement les choses qui regardent son service. Vous vous corrigerez donc, s'il vous plaît, de votre promptitude à résoudre et à faire les choses, et je trvaillerai à me corriger de ma nonchalance... »

Cette lenteur est un des principaux traits du caractère de Vincent, mais c'est une lenteur voulue, ennemie de la précipitation. Il appréhendait toujours, comme il le disait lui-même, d'enjamber sur les desseins de la Providence : en agissant de la sorte, il évitait bien des obstacles contre lesquels des esprits impatients seraient venus se briser. Que d'œuvres, en effet, créées pendant les quarante dernières années de sa vie ! On s'étonne qu'un homme seul ait pu les concevoir, et mieux encore les entreprendre et les exécuter. « M. Vincent a fait plus de bien à lui seul, disait Mlle de Lamoignon, que vingt autres saints. »

Le fondement de la vertu de Vincent de Paul, c'était l'humilité. Il a été le plus charitable des hommes parce qu'il a été le plus humble. Son humilité l'empêcha de perdre le souvenir de sa naissance obscure, des difficultés qu'il rencontra à son entrée dans la vie ; elle l'empêcha d'aspirer aux honneurs et aux dignités, et de perdre ainsi de vue les pauvres et les petits ; au contraire, elle le porta à s'abaisser, à placer au-dessus de lui les hommes les plus pervers, les forçâts eux-mêmes, et à se dévouer à leur service. Il ne craignit jamais d'en trop faire, en pensant au Dieu qui s'est anéanti et dévoué jusqu'à la mort.

C'est cette même humilité qui lui fit refuser toute sa

vie de poser devant un peintre, et il fallut recourir à une ruse afin de pouvoir posséder son image. Vincent était déjà plus qu'octogénaire lorsqu'on fit venir secrètement à Saint-Lazare le peintre Simon François. Introduit dans la communauté, il passa pour un des nombreux laïques venant faire une retraite spirituelle. Là il put observer à loisir le saint vieillard; le peintre se trouvait au premier rang à la chapelle lorsque le saint prêtre disait sa messe; au réfectoire, ils étaient placés en face l'un de l'autre. C'est ainsi que peu à peu Simon François put reconstituer de mémoire les traits de M. Vincent.

« Vincent de Paul, nous dit M. l'abbé Maynard, était d'une taille un peu au-dessus de la moyenne, bien prise et bien proportionnée. Sa tête, chauve de bonne heure, était grosse, mais en rapport juste avec le reste du corps. Il avait le front beau, large et majestueux, le nez gros, les yeux vifs et pénétrants, les lèvres fines et souriantes, l'ouïe subtile, le visage ni trop plein ni trop maigre, les traits fortement accentués et composant un ensemble qui frappait le regard et s'imprimait dans la mémoire. » L'ensemble de la physionomie portait une empreinte de noblesse et de bonté que certains portraits ont eu peut-être le tort de rendre par un air de bonhomie un peu trop accentué.

De bonne heure, et surtout depuis 1645, Vincent eut à souffrir de cruelles infirmités, dont le commencement remontait à son esclavage. Ses jambes, ulcérées et enflées, refusaient souvent de le porter. Il était en outre sujet à une petite fièvre qui lui durait trois ou quatre jours et quelquefois davantage. Malgré ses souffrances, le saint prêtre ne voulait jamais consentir à interrompre ses travaux ni ses exercices : « Ce n'est rien, disait-il, ce n'est que ma petite fiévrotte. »

Jamais on ne vit journée mieux employée que la sienne. Quoique octogénaire, Vincent se lève dès quatre heures du matin, au premier signal de la cloche. Après avoir fait le signe de la croix, offert à Dieu ses pensées, ses paroles et ses actions, il fait son lit et se rend à la chapelle pour assister à l'oraison du matin. La ferveur de son âme rejaillit sur toute sa personne, son front paraît quelquefois tout lumineux, et ses discours sont alors plus brûlants que jamais de foi et de charité. Après cette oraison, il donne ses conseils et ses exhortations à ses missionnaires, et, deux fois la semaine au moins, leur fait rendre compte de leurs pensées et de leurs sentiments. L'oraison et la répétition achevées, Vincent récite lui-même à haute voix les litanies du saint nom de Jésus, fait ensuite une longue préparation à la messe, s'habille et célèbre. Son recueillement, la piété avec laquelle il récite les prières de la messe et en fait les cérémonies, édifient tous les assistants. « Mon Dieu! disent-ils, que voilà un prêtre qui dit bien la messe! Il faut que ce soit un saint homme. » Il n'omettra jamais de la dire jusqu'aux dernières années de sa vie, où ses jambes refuseront de le soutenir.

Sa messe dite, il en entend et souvent en sert une autre, malgré sa vieillesse, ses infirmités, la multiplicité de ses affaires.

Après plus de trois heures ainsi consacrées le matin à la prière, Vincent rentre dans sa chambre. Des murs blanchis à la chaux, un pavé sans natte, tel est l'aspect offert par cette modeste cellule; une table de bois sans tapis, deux chaises de paille et un lit en font tout l'ameublement; un crucifix de bois et quelques images collées au mur la décorent. Pas de feu, pas même de cheminée, jusqu'à l'âge de plus de quatre-vingts ans. Ce sera seulement pendant les dernières années de Vincent que ses disciples l'obligeront à prendre une autre chambre, parce qu'il aura besoin d'un peu de feu pour panser ses ulcères. Encore s'en accusera-t-il comme d'un péché, malgré la parcimonie avec laquelle il usera du bois.

La même pauvreté règne dans la chambre basse où le supérieur de la Mission reçoit les personnes les plus distinguées de la ville et de la cour. Saint-Lazare est la maison de consultation universelle : on s'y rend de tous les points de Paris et même du fond de la province. Aucune œuvre charitable ne se fonde sans l'avis de Vincent et sans la coopération du moins de ses prières.

Chaque jour, et souvent plusieurs fois par jour, Vincent parcourt les différents quartiers de Paris où sa présence est réclamée. Il se rend à la cour assister au conseil de conscience ou solliciter la charité de la reine et des seigneurs. Trois fois par semaine il préside l'assemblée des dames de Charité. Souvent il se rend dans une famille ou dans un monastère pour y rétablir l'ordre et la paix. Souvent encore il va consoler les prisonniers et les forçats, visiter les malades, ou s'entretenir familièrement avec les enfants trouvés et les vieillards de l'hospice du Nom-de-Jésus.

Partout, dans toutes ses courses, au milieu du tumulte de la rue, à la cour ou dans une assemblée aussi bien que dans sa cellule, il ne perd jamais de vue la présence de Dieu. Lorsqu'il est en carrosse, il récite son chapelet et tient les yeux baissés et même fermés, afin de s'entretenir plus facilement avec Dieu. S'il marche à pied, il observe le même recueillement, entre se prosterner dans les églises, se découvre et tombe à genoux au son de l'angélus, sans se préoccuper des personnes qui l'entourent. Tous l'admirent, et les enfants eux-mêmes se le montrent en disant : « Voilà le saint qui passe. »

De retour à Saint-Lazare, avant de rentrer dans sa cellule, il va à la chapelle adorer le saint Sacrement. Enfin il se rend au réfectoire, et s'assied où il se rencontre, le plus souvent à la dernière place. Pas de distinction entre ses missionnaires et lui pour la nourriture; il ne boit jamais de vin, mais seulement de l'eau pure. Il ne prend jamais rien le matin, et souvent son repas du milieu du jour est le seul qu'il fasse, car il rentre fort tard le soir. Dans son extrême vieillesse, ses disciples le presseront, sans pouvoir rien obtenir, de prendre quelque chose avant de sortir; ce fut seulement dans ses derniers jours qu'il consentit à prendre une espèce de bouillon sans viande et sans assaisonnement, fait avec de la chicorée sauvage et de l'orge mondé.

Sa vie n'est ainsi qu'un jeûne continuel; et cependant il en fait un plus rigoureux deux fois par semaine et tous les jours ordonnés par l'Église. Il est si dur pour lui-même, qu'il faut faire intervenir les plus hautes autorités pour l'engager à ménager sa santé.

Toujours surchargé d'affaires, le saint prêtre ne se

donne aucun instant de répit. Tout Saint-Lazare est déjà plongé dans le sommeil, qu'il veille encore pour répondre aux nombreuses lettres qui lui sont adressées de tous les points du royaume et même des pays étrangers. Sa correspondance forme le recueil le plus intéressant : c'est une sorte de gazette de la Mission et de ses œuvres. A minuit il est souvent encore au travail ; et, avant de prendre quelques heures d'un repos si bien mérité, il voudra cependant se punir de tant de bonnes œuvres par une rude discipline, à laquelle il ajoute le cilice, les bracelets, les ceintures de cuivre à pointes.

Le saint prêtre tombe enfin à genoux pour ses dernières prières. Après avoir fait sa préparation quotidienne à la mort, il se jette sur son lit, si toutefois on peut appeler lit une simple paillasse sans matelas et sans rideaux. Jusqu'à la fin de sa vie il continue à coucher ainsi sur la paille, malgré les instances de ses prêtres. Souvent encore il ne trouve sur ce grabat ni repos ni sommeil ; il est dévoré par la fièvre et par ses ulcères ; et au milieu de ses insomnies et de ce martyre continuel il ne cesse de bénir le Seigneur.

Tel fut, depuis son entrée à Saint-Lazare jusqu'aux derniers mois de sa vie, l'emploi des journées de Vincent de Paul. Grâce à cette activité peu commune, servie par une charité merveilleuse, il créa toutes les œuvres dont nous venons de parler dans ce récit, et rendit à son pays des services tels, que ni le temps ni les révolutions n'ont pu les faire oublier.

CHAPITRE XVIII

Dernières années de Vincent. — Infirmités et maladies. — Sa mort édifiante. — Ses funérailles. — Témoignages en faveur de sa sainteté. — Sa béatification et sa canonisation.

Les fatigues d'une vie aussi active et aussi mortifiée avaient fini par épuiser la robuste nature de Vincent. Déjà, à plusieurs reprises, en 1616, en 1644 et en 1649, il avait été gravement malade. Après cette troisième maladie, à laquelle il n'avait échappé que par une espèce de miracle, ses infirmités redoublèrent. La fièvre ne le quittait presque plus; à l'enflure habituelle de ses jambes vinrent se joindre d'horribles ulcères. Vincent avait plus de quatre-vingts ans, la mort ne pouvait tarder à venir.

Avant d'appeler son serviteur à paraître devant lui, Dieu voulut cependant l'éprouver dans les biens nécessaires à l'existence de la Mission. Ennemi des procès, Vincent de Paul, malgré tous ses efforts, n'avait pu les éviter tous. En qualité de supérieur de Saint-Lazare, il était obligé de soutenir les intérêts temporels de sa communauté : il était rare que sa prudence et sa charité ne parvinssent pas à éviter les difficultés et à tout concilier. Après beaucoup d'hésitations, Vincent de Paul et sa compagnie avaient pris à rente viagère la ferme d'Orsigny. Pendant longtemps ils se virent obligés de payer une pension relativement considérable; la ferme fut pillée par les frondeurs, et, au moment où la compagnie allait recueillir le fruit des sacrifices qu'elle s'était imposés, le contrat primitif fut attaqué. Il fallut plaider; Saint-Lazare perdit son procès, moins pour le mal fondé de ses droits que par suite de la pratique où était le parlement d'empêcher l'enrichissement des congrégations religieuses. On sollicitait Vincent de faire appel de cette sentence injuste; il refuse, et expose longuement les motifs de cette décision dans une lettre pleine de sens, en date du 21 décembre 1658, qu'il termine ainsi : « Une de nos pratiques dans nos missions étant d'accorder les différends du peuple, il est à craindre que si la compagnie s'opiniâtrait à une nouvelle contestation, Dieu ne nous ôtât la grâce de travailler aux accommodements. »

Après l'avoir éprouvé dans ses biens, Dieu voulut encore éprouver Vincent dans ses amis et ses disciples. Adrien le Bon, cet ancien prieur de Saint-Lazare devenu l'un des premiers et des plus grands bienfaiteurs de la Mission, mourut le 9 avril 1651, entre les bras de Vincent de Paul, qui n'avait cessé de l'entourer de son respect et de sa tendresse. Le vénérable Antoine Portail, premier disciple de Vincent, devait également précéder son maître dans la tombe : il mourut le 14 février 1660. Un mois plus tard, c'était le tour de Mlle le Gras, la sainte fondatrice des filles de la Charité. A cette époque, Vincent lui-même, affaibli par l'âge et les infirmités, ne pouvait plus ni supporter la voiture, ni même se tenir debout. Hors d'état de porter à Mlle le Gras ses suprêmes exhortations, le saint prêtre dut envoyer à sa place un de ses prêtres. « Vous partez devant, Mademoiselle, lui faisait-il dire ; j'espère qu'en peu je vous reverrai au ciel. »

Toutes ces pertes successives préparaient Vincent à sa fin prochaine. Depuis 1656, sa vie n'était plus qu'un martyre continuel supporté avec un courage admirable.

Son état s'aggravait de plus en plus. L'enflure de ses jambes, qui l'avait autrefois obligé à se servir pour ses courses d'un cheval, puis d'un carrosse, gagna les deux genoux ; le saint ne pouvait plus les ployer que difficilement. En 1656, un érésipèle le fatigua longtemps, et se termina par une grande fluxion sur une jambe. Il fallut garder le lit pendant quelque temps, et la chambre pendant deux mois. Ce fut alors seulement qu'on réussit à lui faire prendre une chambre à feu ; sa faiblesse était telle, qu'on devait le porter du lit à la cheminée et de la cheminée au lit.

A partir de cette époque, il ne marcha plus qu'appuyé sur des béquilles. Deux ans après, de nouveaux ulcères se déclarèrent, et il lui devint impossible, dès le commencement de l'année 1659, de sortir de la maison. Il continua encore quelque temps de descendre à la chapelle pour l'oraison et la messe, et à la salle des conférences, pour présider des assemblées soit des siens, soit des ecclésiastiques, soit des dames de Charité. A la fin de l'année 1659, il était obligé, pour célébrer encore sa messe, de s'habiller et de se déshabiller à l'autel. Quelques mois après, il était réduit pour entendre la messe, ce qu'il fit tous les jours jusqu'à sa mort, à se traîner sur des béquilles au prix des plus atroces souffrances.

Une chute pouvait être mortelle; on le conjure, au mois de juillet 1660, de consentir à la transformation en chapelle de la chambre contiguë à la sienne : son humilité s'y refuse. Il s'oppose également à ce qu'on le transporte en chaise de sa chambre à la chapelle; il n'y consent que six semaines avant sa mort. Au milieu des souffrances les plus intolérables, le saint prêtre ne veut accepter aucun secours. Les yeux fixés sur une petite croix de bois placée devant lui, un seul cri sort de sa bouche : « Ah! mon Sauveur, mon bon Sauveur! » Aucune plainte, aucun murmure. Comme il s'affaiblissait de jour en jour, quelques dames de Charité s'entendirent avec le médecin pour lui faire accepter des mets plus fortifiants; mais dès le second jour il suppliait en grâce qu'on lui permît de vivre à sa façon, et il fallait le laisser au régime de la communauté.

Si son corps était faible et malade, son esprit, toujours aussi libre, son âme aussi forte que par le passé, continuait à diriger les œuvres qu'il avait fondées. De son fauteuil, Vincent, malade et presque à l'agonie, présidait à tout, recevant les visites de tous, toujours affable, toujours souriant. Lui demandait-on des nouvelles de son mal : « C'est peu de chose, » répondait-il; et il détournait aussitôt la conversation pour compatir aux peines du visiteur et le consoler. Il rassemblait souvent les officiers de sa maison, se faisait rendre compte de l'état des affaires, donnait des ordres, ou bien encore réglait les mis-

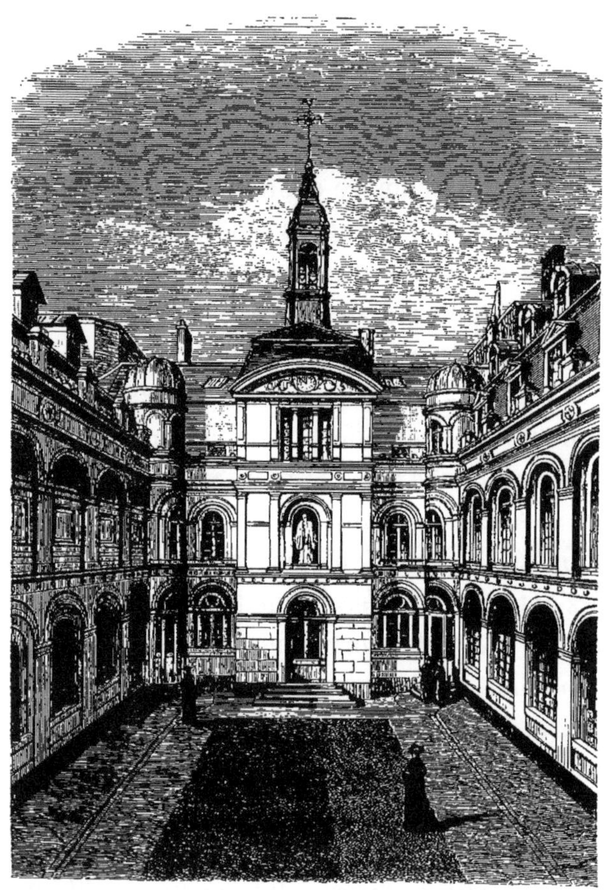

Vue de la cour principale de la Mission, à Paris.

sions, envoyait ses prêtres dans les assemblées qu'il avait coutume de présider, et leur donnait des instructions si précises, qu'ils n'avaient qu'à les suivre de point en point.

Vincent n'interrompit sa correspondance que la

veille de sa mort. Les lettres continuaient à affluer de tous côtés; il les lisait toutes, répondait à toutes, et la netteté, la sagesse de ses réponses, ne pouvaient laisser soupçonner dans les provinces l'état de sa santé.

Vers cette époque, un prêtre de Saint-Lazare, sans penser que la lettre devait passer sous les yeux du supérieur, faisait part à un de ses confrères des craintes de la compagnie au sujet de leur bien-aimé père. « M. Vincent, écrivait-il, diminue à vue d'œil, et il y a apparence que nous le perdrons bientôt. » Notre saint lit la lettre, et, tout ému, fait venir le prêtre pour le remercier du bon avis qu'il lui a donné. Le missionnaire, déconcerté, proteste qu'il n'a pensé ni de près ni de loin à lui faire la leçon. « Remettez-vous et consolez-vous, reprend le saint vieillard, je ne vous en aurais aimé et honoré que davantage. Et pour ce qui est de l'avertissement que j'estimais que vous vouliez me faire, je vous dirai tout simplement que Dieu m'a fait la grâce d'en éviter le sujet; et je vous le dis afin que vous ne soyez point scandalisé de ne me pas voir faire des préparations extraordinaires. Il y a dix-huit ans que je ne me suis point couché sans m'être mis auparavant en disposition de mourir la même nuit. »

Dans les premiers jours du mois de septembre, la faiblesse et l'insomnie lui causèrent un assoupissement contre lequel il ne pouvait plus lutter. Néanmoins il se trouva un peu mieux l'avant-dernière semaine de sa vie; et il eut encore assez de force pour s'occuper une dernière fois des affaires de sa compagnie, du départ d'un certain nombre de missionnaires et de sœurs pour la Pologne, et de l'élection d'une nouvelle supérieure des filles de la Charité.

Le 25 septembre 1660, l'assoupissement fut plus profond; cette fois c'était bien le messager de la mort. Le lendemain, le saint vieillard se fit lever et habiller, puis porter à la messe, où il communia; ensuite l'assoupissement devint tel, que le médecin crut l'heure de la mort arrivée. Vers dix heures du soir, on jugea prudent de lui administrer l'extrême-onction. Dès lors Vincent ne put que répéter quelques mots entrecoupés par de longs assoupissements, derniers témoignages de sa foi et de son espérance en Dieu. Tous les prêtres de Saint-Lazare vinrent lui faire leur suprême visite, et les plus anciens passèrent la nuit en prière près de lui, demandant sa bénédiction pour eux et les œuvres qu'il avait fondées. Un peu après quatre heures du matin, Vincent de Paul s'endormit paisiblement dans le Seigneur, sans efforts ni convulsions.

C'était l'heure à laquelle, depuis cinquante ans, le saint prêtre se rendait à la chapelle pour l'oraison du matin. Son âme, fidèle au rendez-vous, était allée à Dieu. Vincent, l'humble Vincent, paraissait devant son souverain, escorté de la multitude de ses bonnes œuvres, et entrait dans les splendeurs infinies promises aux élus. Il était mort dans son fauteuil, tout habillé, et sur son visage s'était épanoui comme un reflet de son âme bienheureuse.

A peine la mort du saint est-elle connue dans Paris, que la foule se précipite à Saint-Lazare. Les plus illustres personnages veulent revoir une dernière fois les restes vénérables de Vincent de Paul, lui baiser les mains et les pieds. C'est en vain que les missionnaires essayent d'écarter la foule qui se dresse autour de la dépouille mortelle exposée dans l'église de la communauté. Les uns déchirent les vêtements du saint prêtre, d'autres arrachent des cheveux ou des poils de la barbe; chacun veut emporter une relique. La voix du peuple s'élève et le proclame bienheureux. Les funérailles ont lieu au milieu d'un concours immense, et les personnes les plus marquantes de la cour et de la ville tiennent à y assister.

Bientôt, dans tous les rangs de la société, sur tous les points de la France, s'élève un concert unanime de louanges en l'honneur du saint prêtre. « L'Église et les pauvres viennent de faire une grande perte, » s'écrie Anne d'Autriche en apprenant la mort de M. Vincent. La reine de Pologne écrit pour obtenir le crucifix du saint et une partie de son chapelet. Les églises, les communautés religieuses, font célébrer des services solennels en son honneur, et l'évêque du Puy, Henri de Maupas, prononce son oraison funèbre à Saint-Germain-l'Auxerrois. Vincent est à peine mort depuis quelques années, qu'on a déjà recours à son intercession. L'opinion publique lui rend d'éclatants témoignages; on lui dédie des thèses soutenues en Sorbonne et ailleurs. Alméras, élu supérieur général de la Mission, le 17 janvier 1661, fait recueillir les lettres et autres écrits de son vénérable prédécesseur, les analyses de ses discours et de ses conférences, fait rédiger des mémoires sur sa conduite et ses actes pour le service de Dieu, de l'Église et des pauvres, par ceux qui l'avaient le plus intimement connu, et de tout cet ensemble compose la Vie du bienheureux Vincent, publiée en 1664 sous le nom d'Abelly.

Cependant on songe, en 1697, à faire ratifier par la cour de Rome le jugement déjà porté en France sur la sainteté de Vincent. On commence les premières démarches pour obtenir la béatification du vénérable prêtre; on recueille les certificats des guérisons miraculeuses obtenues par son intercession. Les plus grands personnages de l'Église et de l'État donnent leurs attestations : Louis XIV, Léopold de Lorraine, le doge de Gênes, le cardinal de Bouillon, Bossuet, Fénelon, Fléchier, etc., etc. L'assemblée générale du clergé de France joint son témoignage à tous ceux émanés des chapitres et des collégiales; le prévôt des marchands et des échevins écrivent au nom de la ville de Paris. C'est un concert unanime qui forme le plus beau des panégyriques. Outre que toutes les vertus communes à presque tous les saints se retrouvent chez Vincent de Paul à un degré héroïque, que de traits qui lui sont exclusivement propres! On ne peut se lasser d'admirer sa haute sagesse, son humilité profonde, sa charité immense, son zèle sans bornes pour la gloire de Dieu, la perfection du clergé et le salut des âmes. Les princes d'Angleterre et le duc de Lorraine rappellent les services rendus par Vincent à leurs provinces dans les mauvais jours. Les abbés de Grandmont, de Sainte-Geneviève, de Bonfay et de Rangeval attribuent aux conseils et au crédit du saint prêtre le rétablissement de la discipline dans leurs monastères. Tous lui sont redevables de quelque bienfait.

La procédure usitée en pareil cas fut scrupuleusement suivie, les miracles produits minutieusement examinés, tous les détails de la vie du saint prêtre sévèrement discutés et approfondis. La sainteté était manifeste; aussi le pape Benoît XIII déclarait-il, le 13 août 1729, Vincent de Paul bienheureux, et permettait en conséquence que son corps et ses reliques fussent exposées à la vénération des fidèles. La solennité de la béatification fut célébrée avec pompe à Rome et à Paris, et peu après dans la plupart des diocèses de France, d'Italie et de Pologne.

De nombreux miracles ne tardèrent pas à confirmer le jugement du saint-siège, et à récompenser la piété confiante des fidèles. Le culte et la renommée du bienheureux croissaient de jour en jour; le concours toujours plus grand à Saint-Lazare, le nombre incalculable d'ex-voto suspendus aux murs de l'église, témoignaient de son efficace protection. Le procès de canonisation est instruit, et Vincent de Paul, par la voix du pape Clément XII, proclamé saint le 16 juin 1737. Ainsi l'humble serviteur des pauvres, en cherchant l'obscurité, avait trouvé la gloire, gloire immortelle, gloire plus pure que celle des conquérants, plus universelle que celle des littérateurs et des poètes. Qui ne connaît en France le nom de Vincent de Paul? Ce nom est populaire dans les petits hameaux comme dans les grandes villes. Avec son culte, avec ses œuvres, il a franchi les limites de la France; il est parvenu dans tous les royaumes catholiques de l'Europe, et au delà des mers jusqu'en Chine, partout où les prêtres de la Mission et les filles de la Charité ont fondé quelque établissement. Il a inspiré à l'abbé Maury, en 1785, son plus beau panégyrique. Des statues lui ont été élevées; les philosophes du siècle dernier, comme les sceptiques de notre temps, sont obligés de lui rendre hommage, et de reconnaître en lui un *bienfaiteur de l'humanité*. Vincent de Paul, aux yeux de tous, est la personnification la plus frappante de la charité, de la charité chrétienne; car sans Dieu point de charité. Si Vincent a tant aimé les hommes, c'est qu'il a connu et aimé Dieu, et voulu uniquement le servir.

CHAPITRE XIX

La postérité de saint Vincent. — La Mission et les filles de la Charité au siècle dernier. — Pillage de Saint-Lazare pendant la révolution. — Suppression des ordres religieux. — Les hôpitaux. — Rétablissement des filles de la Charité et des prêtres de la Mission. — Conclusion.

Qu'est devenu Saint-Lazare? Que sont devenus tous ces établissements charitables fondés par Vincent de Paul? Ont-ils disparu pour toujours avec lui? Non, l'œuvre de saint Vincent devait lui survivre; elle répond à des besoins trop réels pour ne pas subsister longtemps encore. Le temps, les révolutions pourront la transformer, mais non la détruire. Bien plus, l'impulsion est donnée; l'exemple de Vincent a trouvé des imitateurs et des continuateurs. Les œuvres de charité surgissent de tous côtés et sous toutes les formes, s'adaptant aux usages des différents pays, et cherchant à soulager toutes les misères. Transmis de génération en génération, l'esprit de saint Vincent se perpétue jusque dans notre siècle incrédule, et produit des merveilles.

Essayons donc d'esquisser dans ce dernier chapitre

l'histoire des établissements de saint Vincent, depuis la fin du XVIIe siècle jusqu'à nos jours; ce sera la conclusion de cette courte biographie. A l'œuvre on connaît l'ouvrier.

Après la mort de saint Vincent de Paul, la congrégation de la Mission continua de se développer, non seulement sur quelques points de la France et de l'Europe, mais encore dans l'univers entier. A la fin du siècle dernier, les prêtres de Saint-Lazare possèdent en France plus de quarante maisons; dans un grand nombre de diocèses, ils dirigent les séminaires et entretiennent dans le clergé le zèle sacerdotal, ranimé par leur saint fondateur. Ils comptent plus de trente établissements en Italie, plus de vingt en Pologne, sans parler de ceux d'Espagne et de Portugal. La persécution vint à plusieurs reprises interrompre leurs pieuses conquêtes. Le partage de la Pologne les fait émigrer en Autriche; chassés de Madagascar, ils se réfugient à l'île de France et à l'île Bourbon, et y continuent leur saint ministère. En Afrique, sur les côtes de l'Algérie, Jean le Vacher et ses compagnons, par leurs vertus, leur dévouement, leur constance dans la persécution, apprennent aux habitants à respecter en eux la France et le Dieu de l'Évangile.

Les disciples de saint Vincent réalisent les projets formés par leur maître en fondant des missions en Perse, au Liban et jusqu'en Chine. Là, pour mieux gagner les peuples à la foi, ils leurs enseignent les sciences profanes : grâce à leurs efforts combinés avec ceux de leurs compagnons d'apostolat, la Chine, en 1715, ne comptait pas moins de trois cents églises et de trois cent mille chrétiens. Ces immenses progrès furent arrêtés par la persécution; mais le zèle des lazaristes était si bien connu et apprécié, qu'après la suppression de l'ordre des jésuites en France ils furent choisis pour leur succéder dans les missions du Levant.

L'extension de leurs missions à l'étranger ne faisait pas oublier aux prêtres de Saint-Lazare le but principal de leur institution : l'évangélisation des campagnes et la formation du clergé. Ce but répondait si bien aux besoins du temps, que la plupart des congrégations qui se formèrent depuis, les eudistes, les rédemptoristes, les oblats de Marie et les maristes, s'inspirèrent de l'esprit et des règlements de Saint-Lazare. Si toutes ces congrégations ont largement contribué au bien de l'Église et à la propagation de la vérité, il faut en rapporter une partie de l'honneur à saint Vincent de Paul. C'est en particulier aux efforts des lazaristes que l'on doit cette forte génération de prêtres qui, au siècle dernier, surent maintenir l'esprit religieux dans la masse du peuple, malgré la corruption des hautes classes, et qui, pendant la révolution, honorèrent l'Église par leur héroïsme et leurs vertus.

A côté des prêtres de la Mission, les filles de la Charité se multiplient dans une proportion plus rapide encore. En 1721, elles sont établies en France dans plus de trois cents villes et villages, sans parler des établissements créés à l'étranger. Les supérieurs de Saint-Lazare continuent de les diriger et de les entretenir dans l'esprit et la ferveur de leur sainte institution, refusant de les employer au service des riches, et leur rappelant qu'elles ont été établies pour être les servantes des pauvres, « leurs seigneurs et maîtres. » Il était, du reste, plus souvent besoin de modérer que d'exciter le zèle de ces admirables filles, qui couraient au-devant du danger, et succombaient souvent martyres du devoir et de la charité.

L'œuvre des Enfants trouvés, que Vincent de Paul n'avait fait qu'entreprendre et commencer, avait été reconnue par Louis XIV en 1690, et dotée de revenus considérables. La maison de la Couche avait été transférée au parvis Notre-Dame, et une autre maison avait été fondée au faubourg Saint-Antoine, toutes deux confiées aux soins maternels des filles de la Charité, et le nombre des enfants assistés, qui n'était guère que de seize cents à la fin du XVIIe siècle, atteignait presque le chiffre de sept mille en 1776.

Non seulement l'hôpital général de Paris, fondé sur les plans de saint Vincent, continuait de prospérer sous une sage administration, mais la plupart des villes de province, suivant l'exemple de la capitale, s'étaient empressées de restaurer leurs anciens hôpitaux et d'en construire de nouveaux. Ainsi le temps, qui consume tout, n'avait servi qu'à donner de nouveaux accroissements et une nouvelle perfection aux œuvres fondées par Vincent; l'impulsion donnée par lui avait été suivie, les institutions de bienfaisance étaient entrées dans une ère nouvelle. Le vénérable de la Salle avait fondé les Écoles chrétiennes pour les enfants pauvres; l'abbé de l'Épée, l'institution des Sourds-Muets; Valentin Haüy, celle des Jeunes Aveugles; des associations charitables surgissaient de toutes parts, lorsque la révolution vint arrêter cet essor et tout détruire.

Dans la nuit du 12 au 13 juillet 1789, la veille de la prise de la Bastille, au moment où l'émeute commence sourdement à agiter la capitale, une bande de deux cents brigands enfonce les portes de Saint-Lazare, disperse les missionnaires, envahit l'une après l'autre toutes les salles de la communauté, vole ou détruit tout ce qui s'y trouve : argent, titres, provisions, tableaux, bibliothèque, tout est livré au pillage. La chambre de saint Vincent elle-même, où l'on conservait religieusement la natte sur laquelle il était mort, ses pauvres habits, une chaise de paille et quelques autres reliques, ne fut pas épargnée. La maison des filles de la Charité, située en face de Saint-Lazare, ne pouvait non plus échapper au pillage. Elle est envahie dès le lendemain matin. A la vue des bandits qui les poursuivent, les religieuses se réfugient à la chapelle en poussant des cris d'effroi mêlés à des supplications. Les misérables y pénètrent sur leurs pas; mais le chef de la troupe, frappé de la sainteté du lieu, met un genou en terre devant le saint Sacrement, et commande à ses compagnons de se retirer. Dieu avait ainsi visiblement protégé les servantes des pauvres. Quelques prêtres de la Mission étaient rentrés peu après à Saint-Lazare, et essayaient de réparer le désastre, lorsque les décrets de l'Assemblée nationale vinrent les en chasser définitivement. Le couvent devint dès lors une prison, et c'est à peine si aujourd'hui, après toutes les transformations subies par les bâtiments, on reconnaîtrait l'ancienne abbaye du XVIIe siècle. Il ne reste plus là qu'un seul souvenir de saint Vincent : c'est sa chambre, transformée en chapelle par les religieuses qui desservent la maison.

Le pillage de Saint-Lazare n'était que le prélude d'événements plus graves. Bientôt les ordres religieux étaient dispersés, leurs biens vendus, les hôpitaux sécularisés, pour ne pas dire laïcisés. A l'ancienne administration des hospices, composée des chefs du clergé, des premiers magistrats des cours de justice et de quelques notables habitants, on substitua, en 1790, des hommes nouveaux, dont le seul mérite était leur exaltation pour les idées du jour. Après avoir passé des mains des départements dans celles des municipalités, puis dans les attributions de la commission de secours de la Convention, enfin dans celles du ministre de l'intérieur, les hôpitaux, à la fin de la période révolutionnaire, se trouvaient dans un état déplorable.

Pendant ce temps, religieux et religieuses étaient chassés de leurs asiles, poursuivis et livrés au bourreau. Jetons un voile sur les horreurs de cette sanglante époque. On avait tout détruit, il fallait réédifier quelque chose; c'est alors que la philanthropie montra toute son impuissance. Tous les décrets de la Convention ne purent faire disparaître la misère; elle ne fit, au contraire, qu'augmenter pendant cette période. Pendant que les filles de la Charité portaient leurs têtes sur l'échafaud, les hôpitaux manquaient d'infirmières, les écoles d'institutrices; il ne restait aux pauvres que l'ignorance, le désespoir et la mort.

Dès que des temps plus calmes commencèrent à luire pour la France, en 1801, le gouvernement consulaire rappela les filles de Saint-Vincent dans les hôpitaux d'où elles avaient été chassées. « Les secours accordés aux malades, portait l'arrêté, ne peuvent être assidûment administrés que par des personnes vouées par état au service des hospices et dirigées par l'enthousiasme de la charité; parmi tous les hospices de la république, ceux-là sont administrés avec plus de soins, d'intelligence et d'économie, qui ont appelé dans leur sein les anciens élèves de cette sublime institution dont le seul but était de former à tous les actes d'une charité sans bornes. » Encore un hommage de plus à la mémoire de saint Vincent. L'ancienne supérieure des filles de la Charité, la sœur Deleau, fut donc installée dans la maison hospitalière des Orphelines, rue du Vieux-Colombier, à Paris, et autorisée à former des infirmières pour les hospices. Après dix ans de dispersion, les sœurs de Saint-Vincent-de-Paul reparaissaient de nouveau, plus utiles et plus bénies que jamais.

Pendant l'orage révolutionnaire, les prêtres de la Mission, eux aussi, avaient été obligés d'abandonner leurs églises, leurs missions, leurs séminaires. La plupart d'entre eux, au péril de leur vie, étaient restés en France, prodiguant leur dévouement aux fidèles des villes et des campagnes. Surpris dans l'exercice de leur saint ministère, quelques-uns trouvèrent la mort dans les prisons et sur les pontons, ou portèrent avec courage leur tête sur l'échafaud. D'autres étaient parvenus à gagner la terre étrangère, emportant avec eux le corps de saint Vincent et quelques-uns des objets qui avaient été à son usage. L'orage passé, ils furent autorisés à rentrer en France, par décret du 27 mai 1804.

Toutefois le temps de la persécution n'était pas complètement passé. L'empereur Napoléon Ier entreprit de soustraire les filles de la Charité à la direction des prêtres de Saint-Lazare. Le supérieur général de la Mission, le vénérable M. Hamon, osa résister; il fut interné à Fenestrelles, où d'illustres prisonniers comme lui, entre autres le cardinal Pacca, lui donnèrent de nombreuses marques de leur estime. D'un autre côté, on essayait de séparer les sœurs de Charité d'Espagne de la maison mère. Deux brefs du souverain Pontife Pie VII rétablirent l'harmonie et l'union un instant altérées, et les deux compagnies fondées par saint Vincent reparurent dans toute la pureté de leurs statuts primitifs.

Ce fut comme le point de départ d'une ère nouvelle, qu'inaugura dignement, le 25 avril 1830, la translation solennelle des reliques de saint Vincent de Paul dans la nouvelle maison mère de la Mission, rue de Sèvres, à Paris. Dès lors les deux communautés, indissolublement unies sous un même chef, eurent bientôt réparé les pertes que leur avait fait éprouver la révolution. Aujourd'hui, en 1880, les prêtres de la Mission, au nombre de près de deux mille, possèdent, tant en France qu'en Algérie, environ soixante-six établissements. Ils en comptent vingt-huit en Italie, dix en Espagne, cinq en Portugal, neuf en Irlande, deux en Prusse, trois en Pologne, cinq en Autriche, sept en Turquie et dans le Levant, quatre en Perse, six en Syrie, quatre en Abyssinie, trente-neuf en Chine, quatre à Manille et aux Philippines, treize aux États-Unis, neuf au Mexique, vingt-cinq dans l'Amérique du Sud. Comme avant la révolution, ils dirigent de grands et de petits séminaires, donnent des missions dans les campagnes, président les retraites et vont évangéliser les peuples infidèles.

Les filles de Saint-Vincent-de-Paul se sont multipliées dans des proportions plus considérables encore. Les limites de la France et même de l'Europe n'ont pas suffi pour contenir les efforts de leur charité : elles ont franchi les Alpes et les Pyrénées, traversé les mers, et sont aujourd'hui plus de vingt mille répandues dans tout l'univers. Elles sont allées partout, ont embrassé tous les travaux, supporté toutes les persécutions, déployé tous les héroïsmes. Non contentes de se dévouer à l'éducation de la jeunesse, au service des pauvres et des malades, dans les salles d'asile, les écoles, les orphelinats, les ouvroirs, les hôpitaux, elles suivent nos missionnaires dans les contrées les plus lointaines, et nos soldats sur les champs de bataille. Partout où il y a une infortune à consoler, un danger à courir, on est sûr de rencontrer la sœur de Charité. Qui ne connaît ce trait de la sœur Rosalie, d'immortelle mémoire, écartant les baïonnettes des émeutiers de 1848 de la poitrine d'un brave officier, et le sauvant au péril de sa vie? La cornette blanche est devenue l'emblème de la charité et du dévouement. N'eût-il fait que créer cet ordre admirable, Vincent de Paul eût plus fait pour les pauvres que tous les philosophes et tous les législateurs.

Comment énumérer maintenant toutes ces œuvres charitables qui ont pris naissance en France depuis le commencement du siècle, et qui toutes procèdent plus ou moins directement des œuvres de saint Vincent? Toutes sont inspirées de son esprit; quelques-unes n'ont pas craint d'arborer son nom comme signe de ralliement et comme drapeau. Aucune infortune, aucun âge de la vie n'a été oublié. Les crèches et les salles d'asile complètent l'œuvre des Enfants trouvés

La sœur Rosalie sauve un officier, à la révolution de 1848.

pour ces pauvres petits êtres qui viennent presque de naître et peuvent à peine marcher. Au sortir de l'enfance, des écoles s'ouvrent à eux dans toutes les villes et jusque dans les moindres villages. Des orphelinats se fondent de tous côtés pour les enfants privés de leurs parents. A côté de l'orphelinat, le patronage, avec ses ateliers, ses cercles, ses jeux, ses écoles, ses bibliothèques, fondé par les frères de Saint-Vincent-de-Paul. Pour les enfants indisciplinés et les jeunes gens soumis à la surveillance de la justice jusqu'à leur majorité, les œuvres moralisatrices de correction et de réhabilitation, les colonies pénitentiaires. Les cercles catholiques d'ouvriers offrent aux jeunes gens les avantages de l'amitié et d'honnêtes distractions. Pour les pauvres, les infirmes, les malades, les vieillards, ont été créées les diverses institutions d'assistance publique, les œuvres les plus variées de secours à domicile. Les confréries de la Charité, détruites pendant la révolution, se sont reconstituées avec la société de Saint-Vincent-de-Paul, autour de laquelle sont venues se grouper une foule d'autres œuvres charitables ayant toutes pour but de visiter les pauvres et de leur fournir des secours religieux et matériels. Nous ne pouvons les énumérer toutes; mais comment passer sous silence celle des Petites Sœurs des pauvres, qui, née vers 1840 seulement, compte déjà près de deux cents maisons réparties dans le monde? Cette œuvre ne diffère guère que par le nom de l'hospice du Nom-de-Jésus, fondé par Vincent de Paul.

Ainsi, partout et toujours, dans toutes les institutions charitables fondées en notre siècle, le nom et l'esprit de saint Vincent. On dirait qu'aujourd'hui, comme au XVIIe siècle, aucune œuvre ne se peut fonder sans son appui. Son influence est visible. La meilleure manière d'honorer notre saint, c'est de l'imiter. Imitons donc son ardent amour pour les humbles et les petits, les misérables et les pécheurs. Imitons son humilité, sa foi et sa confiance en Dieu. Inspirons-nous toujours de son esprit de charité, et de nouvelles œuvres continueront de surgir pour la plus grande confusion des incrédules et des philanthropes.

FIN

TABLE

CHAPITRE V

CHAPITRE VI

CHAPITRE VII

CHAPITRE VIII

CHAPITRE IX

CHAPITRE X

CHAPITRE XI

CHAPITRE XII

CHAPITRE XIII

CHAPITRE XIV

CHAPITRE XV

CHAPITRE XVI

CHAPITRE XVII

CHAPITRE XVIII

CHAPITRE XIX

20602. — Tours, impr. Mame.

COLLECTION FORMAT GRAND IN-8° — 2e SÉRIE

CHAQUE VOLUME EST ORNÉ DE PLUSIEURS GRAVURES

AGNÈS DE LAUVENS, ou MÉMOIRES DE SŒUR SAINT-LOUIS, par L. Veuillot.
BERTRAND DU GUESCLIN (HISTOIRE DE), d'après Guyard de Berville.
BRUNO, ou LES CHASSEURS D'OURS, par le capitaine Mayne-Reid; traduit de l'anglais par Marie Guerrier de Haupt.
CHARLES VIII, par Maurice Griveau.
CHÂTELAINES DE ROUSSILLON (LES), par Mme la Csse de la Rochère.
CRILLON (VIE DE), par H. Garnier, élève de l'école des chartes.
DUCHESSE-ANNE (LA), HISTOIRE D'UNE FRÉGATE, par Olivier Le Gall.
EN MER, RÉCIT POUR LES JEUNES GARÇONS, par le capitaine Mayne-Reid; traduit de l'anglais par Marie Guerrier de Haupt.
ÉTATS-UNIS ET LE CANADA (LES), par M. Xavier Marmier.
EXILÉS DANS LA FORÊT (LES), par le capitaine Mayne-Reid, traduit de l'anglais par Marie Guerrier de Haupt.
GAULOIS NOS AIEUX (LES), par M. Moreau-Christophe, lauréat de l'Institut.
GUNNAR ET NIAL, SCÈNES ET MŒURS DE LA VIEILLE ISLANDE, par L. Gourdault.
IMPRESSIONS ET SOUVENIRS D'UN VOYAGEUR CHRÉTIEN, par M. Xavier Marmier, de l'Académie française.
JOSEPH HAYDN, traduit de Franz Seebourg par J. de Rochay.
MES PRISONS, par Silvio Pellico.
MÉMOIRES D'UN MANDARIN, par Eugène Muller.
MINA, ou LES ÉPREUVES D'UNE VIE D'ENFANT; imité de Paul Hermann par J. de Rochay.
NAUFRAGÉS AU SPITZBERG (LES), par L. F.
ORPHELINE DE MOSCOU (L'), ou LA JEUNE INSTITUTRICE, par Mme Woillez.
PANTHÈRE NOIRE (LA), adapté de l'anglais par Bénédict-Henry Révoil.
PARAGUAY (LE), par M. le comte de Lambel.
PATRICE HERROLD, par Charles Legrand.
PAUL ET VIRGINIE, par Bernardin de Saint-Pierre, édition revue.
PERDUS EN MER, imité de l'anglais, par Mme la Csse Drohojowska.
PROMENADES DANS LES PYRÉNÉES, par M. Jules Leclercq.
PUPILLE DE SALOMON (LA), par Mlle Marthe Lachèse.
ROBINSON DES ANTILLES (LE), par Marie Guerrier de Haupt.
SAINT VINCENT DE PAUL (VIE DE), par Jean Morel.
SERMENT (LE), ou L'AMBITION STÉRILE, imité de l'anglais par Adam de l'Isle.
TRÉSOR DU PIRATE (LE), par Henri Marien.
UN GRAND CHANCELIER (PIERRE DES VIGNES). Récit historique, par le docteur Mathias Höhler; traduit de l'allemand par J. de Rochay.
UN MYSTÈRE, ou LES DEUX FRÈRES, imité de l'anglais par Adam de l'Isle.
UNE FAMILLE DANS LE DÉSERT, par le capitaine Mayne-Reid; traduit de l'anglais par Marie Guerrier de Haupt.
UN FRANÇAIS DANS LA FLORIDE, Notes de voyage, par Edmond Johanet.
VENGEANCE DU FARMER (LA), SOUVENIRS D'AMÉRIQUE, par Karl May.
VIE DES BOIS ET DU DÉSERT (LA), RÉCITS DE CHASSE ET DE PÊCHE, par Bénédict-Henry Révoil.
VIEUXBOURG, ou LA PETITE VILLE, imité de l'anglais par Adam de l'Isle.
VOYAGE À CEYLAN, par Franz Hoffmann; traduit, avec l'autorisation de l'auteur, par Mlle A. Simons.
VOYAGE AU PAYS DES KANGAROUS, adapté de l'anglais par Bénédict-Henry Révoil.

www.ingramcontent.com/pod-product-compliance
Ingram Content Group UK Ltd.
Pitfield, Milton Keynes, MK11 3LW, UK
UKHW021925230726
13925UKWH00007B/504

9 782019 221812